法治视野下的军人权益保障

刘勇 ◎ 著

上海人民出版社

让军人成为全社会尊崇职业的一部法学力作

——《法治视野下的军人权益保障》序

高民政[1]

读了刘勇同志撰写的《法治视野下的军人权益保障》一书，十分高兴，也非常欣慰。感觉作者心系国防和军队建设，以真实的情感和扎实的专业为军人权益保障鼓与呼，为军事法学研究乃至军队法治建设作出了有价值的贡献。近年来，党和国家高度重视军人权益保障工作，习主席强调指出“让军人成为全社会尊崇的职业”，立法机关先后制定了《退役军人保障法》《军人地位和权益保障法》等重要法律，可以说军人权益保障有了鲜明的政策导向和坚实的制度基础。然而遗憾的是，有关军人权益保障的法学理论研究却没有完全跟上步伐，鲜见涉及军人权益法律保障的理论专著。《法治视野下的军人权益保障》一书，在所涉领域具有一定的开创性和领先水平，对于相关学术研究、政策法律的完善、部队实践以及军事文明的发展都具有重要意义，因此我愿作推荐。

本书从理论、规范、实践三个维度构建研究体系框架，主要研究了军人权益保障的法理基础、考量因素、外国经验、制度现状、主要类型、实践难题、对策措施等问题。全书逻辑严密、结构合理、依据充分、资

① 国防大学政治学院教授，博士生导师，国家“万人计划”首批哲学社会科学领军人才，全国文化名家暨“四个一批”人才，军队科技领军人才。

料翔实、案例典型、表述流畅，是一部兼有理论性、可读性和指导性的学术专著。在此不对上述所有问题进行系统评述，而是选择其中某些亮点，结合我自己对相关问题的思考，发表一些意见。

一、面向实践做学问，不拘一格写文章

读罢此书，最大的感觉就是实。本书围绕军人权益保障这一重大现实问题，瞄准理论上的困惑和思想上的疑惑进行法理研究，在评介“特别权力关系论”“现代契约论”“义务本位论”“公共负担平等学说”等理论的基础上，从军人职业属性、战斗力生成规律、公平正义理念、经济社会发展实际、外国军人权益保障经验等角度提出了设计军人权益的考量因素，科学回答了我国运用法律手段保障军人权益的正当理由。在规范研究方面，本书系统梳理了现行的法律规范，涵盖根本大法、“军事龙头法”、军人权益保障专门法、兵役基本法、军人专项权益特别法、配套法规制度等不同位阶和不同类型的法律制度，所提炼的法律精髓要义使读者有“一览众山小”的感觉，帮助读者领悟法律精神、理解法律要点、高效学法用法。在实践运用方面，作者结合军人权益保障现状以及自身工作实践，以经验研究为底色，向理性思考下功夫，所提出的对策建议切实可行，所总结的方法技巧实在管用。

本书不仅在研究内容和研究方法上体现了务实的作风，而且在语言表达上也十分朴实，力求通俗易懂，避免晦涩艰深。这既符合法学作为一门实践科学的内在要求，又是对读者的尊重。或许这与本书对读者的多样化定位有关，也与作者长期在司法实务部门的工作经历有关。

二、敢为人先提观点，类型研究着重墨

本书的第二个亮点就是新。创新是学术的生命。新颖的选题为本书的研究打了良好的基础，深刻的思考使本书处处闪耀着思想的火

花。下面试举几例：

在法理研究方面，针对军事法学研究领域较为常见的“义务本位论”观点，本书运用马克思主义基本原理，以习近平强军思想特别是法治思想为指导，从国防和军队建设大局出发，论证了“义务本位论”可能产生的危害，提出了军事法领域同样应遵循“权利义务相一致理念”的观点。

在规范研究方面，本书对相关法律法规的功能进行了抽象概括，对某些常见的法律规范作出了独到而合理的解读。比如对《宪法》第五十五条关于“光荣的义务”这一罕见的法条表述，从觉悟光荣、条件光荣等方面对公民服兵役的宪法义务作出了合理的解读。在对《军人地位和权益保障法》的亮点研究方面，本书充分肯定了他人的相关研究成果，并创造性地从法学角度提出了独到见解，即“从国家法律体系看，《军人地位和权益保障法》开创了人员地位立法之先河；从军事法角度看，《军人地位和权益保障法》是一部权利本位之法，平衡了军事法体系的权利义务关系；从军人权益保障法律角度看，《军人地位和权益保障法》是第一部全面系统规范军人权益的法律，形成了军人权益保障法律体系的闭合链路”。

尤其值得称赞的是本书的类型化研究，第六章结合实在法规范，运用抽象思维，将军人典型权益概括提炼为九大类别，即军人政治权益、军人荣誉权益、军人物质生活权益、军人保险权益、军人抚恤权益、军人优待权益、军人优先权益、军人家庭保障权益、军人退役保障权益。在类型化研究中，本书并没有平均着墨，而是根据不同军人权益保障的现状，进行了差异化研究，对于实践中争议不大的军人权益，主要进行归类整理和内容细化，力求用精练的语言把干货送给读者，避免了简单问题复杂化；对于实践中尚存争议或疑惑的军人权益，本书进行了深度研究，比如首次提出“军人优先权益”的概念，并创新研究了军人优先权益的法理基础、法定类型、实现条件及救济方式等问题。

三、学科融合视野宽，推动文明价值大

虽然本书主要从法学视角研究军人权益保障问题，但从本书的价值取向、研究方法、论证思路以及参考资料等方面来看，似乎还有更宽的视野、更高的站位和更远的追求。维护军人地位和权益，不仅是一个具体的法律问题，也是重大的政治问题。依法保障军人权益，事关国防和军队建设，事关国家安全和发展大局，对于军人群体和社会全体而言，对于国家长治久安来说，是一条最有利最有益的途径。从文明角度看，尊重和保障人权是世界文明发展大势，是社会发展进步的重要标志。尊重军人主体地位，维护和保障军人权益是军事文明和政治文明的内在要求。

可喜的是，本书基于法学又高于法学，综合运用政治学、军事学、历史学、军队政治工作学等多学科方法，系统回答了军人权益保障的理论与实践问题，拓宽了研究角度，提升了站位高度，强化了理论深度，蕴含着人性温度。

随着依法治国和依法治军战略的深入贯彻，特别是军事政策制度改革任务的持续推进，有关军人权益保障的制度规范也会有相应调整，实践中必然会产生一些新的问题，建议作者对此进行适当关注，并及时展开理论研究，充实完善后期成果。同时，可从法哲学、法理学角度进一步研究军事法秩序与人权衡平视域中的军人权益保障问题，实现公法和私法在军事领域的融通，促进军事法的秩序塑造与人权保障二元目标的良性互动。

我相信本书不仅能为相关理论工作者提供启发，而且可为法律实务工作者提供经验指引，为广大军人和社会大众提供精神食粮。期待本书的出版，更期待刘勇同志能够一直坚持自身的法治理想和学术热情，产出更多的优秀作品！也真诚欢迎更多的中青年学者加入军人权益保障的研究队伍，期盼军人权益保障的理论研究更加欣欣向荣！

目　录　CONTENTS

第二部分:规范研究
——军人权益保障法律制度剖析

第三部分:实践运用

——军人权益保障法律实施研究

导　论

“强国必须强军，军强才能国安。”[①]强军之道，要在得人。党中央、习主席高度重视军人地位和权益保障工作，作出了一系列重要决策指示。党的十九大报告明确提出，“维护军人军属合法权益，让军人成为全社会尊崇的职业”。党的二十大报告再次重申，“加强军人军属荣誉激励和权益保障，做好退役军人服务保障工作”。习主席多次强调，“国防和军队建设是全党全军全国各族人民的共同事业，中央和国家机关、地方各级党委和政府要大力支持国防和军队建设，做好退役军人安置、伤病残军人移交、随军家属就业、军人子女入学等工作，共同把强军事业推向前进”。[②]党中央的决策部署和习主席一系列重要论述，为新时代军人地位和权益保障工作提供了根本遵循、指明了方向路径。

“一引其纲，万目皆张。”[③]国家和社会各层面各领域立即行动起来，全面落实习主席重要指示和党中央的决策部署，形成了党领导下的行政机关、服务体系、社会力量同向发力的组织管理体系；建立健全了系统联动、军地合力的工作运行体系；构建了尊崇尊重与服务管理保障并重的法律政策制度体系。[④]具体而言，主要表现在以下几个方面：

---

① 习近平在庆祝中国共产党成立100周年大会上的讲话，2021年7月1日。

② 蔡向东：《保障军人地位和权益：党领导人民军队建设的重要历史经验——写在军人地位和权益保障法颁布施行之际》，《解放军报》2021年7月28日。

③ 《吕氏春秋·用民》。

④ 下文部分数据及观点引自全媒体记者王栋2023年4月16日发表于退役军人事务部官方网站的文章：《从“心”出发全新启航——写在退役军人事务部组建五周年之际》。

一是建强组织机构体系，做到管理保障有力量。2018 年 3 月 17 日，十三届全国人大一次会议表决通过了关于国务院机构改革方案的决定，批准组建退役军人事务部。随后一年之内，全国 3200 多个县级以上退役军人事务行政机构全部组建到位。2019 年 2 月 26 日，成立国家退役军人服务中心；2022 年 7 月，诞生“退役军人事务员”新职业。按照中央“五有”全覆盖要求，着力建强服务保障体系，建成六级服务中心（站）61.79 万个，配备专兼职工作人员，形成了纵向到底、横向到边、上下共力、左右互联的服务保障体系。

二是完善法律政策制度体系，确保权益保障有依据。《退役军人保障法》《军人地位和权益保障法》等专门法律相继出台，《军人及军队相关人员医疗待遇保障暂行规定》《优抚对象医疗保障办法》《关于调整规范军人家属随军及落户有关政策的意见》《关于进一步做好军人子女教育优待工作的若干意见》《烈士纪念设施保护管理办法》等配套政策制度陆续问世。目前，已构建了以宪法为核心，以国防法为统领，以军人权益保障专门法为骨干，以配套的法规规章和规范性文件为支撑的军人权益保障法律政策制度体系。

三是健全工作运行体系，提升服务保障水平。为了形成顺畅高效的工作运行格局，及时完善系统、部门、军地合力协作机制，健全移交安置、就业创业、双拥共建、褒扬纪念、权益维护等重点工作机制，军人权益保障成效明显提升。退役安置权益保障有力，创新开展转业军官“直通车”安置，健全“阳光安置”工作机制，退役军人事务部成立后的五年内，新接收安置退役军人 227 万余名，转业军官安置到党政机关和参公单位的比例超过 88%，安排工作退役士兵主要安置到事业单位和国有企业。军人优先权益落实到位，自 2018 年起全国交通运输行业全面推行军人依法优先，全国铁路、公路、水路、航空等交通运输行业立体化的军人依法优先工作格局形成。军人军属权益维护机制日益健全，检察机关实施涉军公益诉讼，法院系统开通涉军案件绿色通道，军人军属及退役军人的法律援助救助工作不断深化。

四是凝聚社会共识，营造尊崇军人职业的浓厚氛围。通过召开全国退役军人工作会议、全国双拥模范城（县）命名暨双拥模范单位和个人表彰大会等激励鼓舞先进。自2014年起，连续9年累计迎回913名在韩志愿军烈士遗骸，成为全国人民每年的国防教育共同课。全国广泛开展"最美退役军人""最美拥军人物"学习宣传，举办全国红色故事讲解员大赛，推动退役军人典型宣传常态化。新兵入伍和退役返乡的欢送欢迎仪式，悬挂军属光荣牌、立功受奖送喜报、记载军人名录和事迹等机制日臻成熟，尊崇军人职业、尊重退役军人已成为社会共识。

高屋建瓴的设计、如火如荼的实践，让军人权益保障工作展现出新气象、迈上了新台阶、取得了新成就。在此情况下，开展相关的理论研究恰逢其时。如何从政理、哲理和法理层面思考军人地位及军人权益保障问题？如何理解我国军人权益保障法律制度体系的理论逻辑、历史逻辑和实践逻辑？如何借鉴国外军人权益保障的经验做法并发现我国军人权益保障制度的中国特色和比较优势？诸如此类的问题，都需要进行理论研究及阐释。本书正是以此为初衷，开展了一些初步的思考，或许也是拓荒的尝试。

前　言

作为军人中的法律人和法律人中的军人，笔者关注军人权益保障的法律问题已有多年，并经过不断积累和一年多的写作，终于让本书面世了。撰写这本著作，主要有三点缘由：

一是军人权益保障立法提供了研究之本。法律制度是法学研究的“根”，脱离制度的研究可谓“无本之木”。法学研究的主要任务就是揭示蕴含在法律规范中的精神和规律。随着全面推进依法治国战略、深入贯彻依法治军战略的实行，有关军人权益保障的立法工作取得了重大突破，特别是《退役军人保障法》《军人地位和权益保障法》的相继问世，为军人权益保障工作提供了“管总”的依据和系统的规范，也为军人权益保障的理论研究提供了宝贵文本。军人权益保障立法的发展进步，是新时代的重要“法治产品”，在我国法治史上具有里程碑意义。在此背景下，围绕军人权益保障的法学研究理应主动跟上，不仅需要对法律规范本身展开研究，还要做好法律规范的“上篇文章”和“下篇文章”，在其上挖掘理论问题，以便解疑释惑，在其下探索实践问题，以便让法律制度落地生根。

二是军人的职业体验催生了创作激情。笔者携笔从戎二十余载，从边防连队到多级机关，从雪域高原到茫茫大海，从作战部队到军事院校，在流动的岗位和多样化的任务中，不断加深了对军人职业的认知。既体验到了作为军人的独特价值和崇高荣誉，又感受到了军人军属的特别付出和艰辛不易。可以说,研究军人权益保障问题既是自发的情感体现,又是一种责任感使然。

三是法律人的专业实践激发了思想火花。笔者入伍前有幸在大学学习法学,入伍后虽然经历了多个岗位的锤炼,但主要工作还是与法律打交道,可以自诩为一名“军中法律人”。从保卫干事到军事检察院检察官,从军队律师到院校的法学教员,笔者参与了大量的涉军涉法问题处置,开展了一些关于军人权益保障的教学科研工作。军事司法实践活动为笔者提供了鲜活的素材,教学科研工作促使笔者围绕现实问题展开理性思考。实践与理论的结合不断激发思想火花,创作的欲望油然而生。

本书从理论层面、规范层面和实践层面三个维度展开论述。第一部分理论探源,侧重于研究军人地位和权益保障的法理问题,主要评介了前人的相关理论,分析了确立军人地位和权益保障的考量因素,回答了运用法律方式保障军人权益的正当理由。第二部分规范研究,运用体系概览、重点剖析、类型研究等方法,对有关军人权益保障的法律制度进行理论解读,特别是对军人典型权益进行了概括提炼和具体阐释,包括军人政治权益、军人荣誉权益、军人物质生活权益、军人保险权益、军人抚恤权益、军人优待权益、军人优先权益、军人家庭保障权益、军人退役保障权益,等等。第三部分实践运用,重在解决军人权益保障法律实施问题。主要从加强法治宣传教育、完善配套政策制度、拓展权益救济渠道、提升维权工作质效等方面展开论述。

本书的读者对象是广泛的。首先想把此书献给我的战友——最可爱的军人群体,希望战友们在保家卫国的同时,也懂得如何维护自身的合法权益;其次是涉军维权部门的工作人员,掌握军人权益保障的法学知识,对于依法履职尽责,或许有些借鉴意义;再次是专业的法律同仁,本书可为军事法学的理论研究抛砖引玉,可为涉军维权的司法实务工作提供参考；最后是多样化的人民群众，“军队打胜仗，人民是靠山”，尊崇军人职业、维护军人权益是全社会的共同责任，阅读此书有助于增强国防意识，提升对军人职业的认同感和尊崇度。愿我们发扬拥军优属、拥政爱民的优良传统，依法汇聚强国兴军大业的磅礴力量。

第一部分：理论探源

——军人地位和权益保障的法理研究

“仅仅一个理论上的证明，也比五十件事实更能打动我。”法国启蒙思想家德尼·狄德罗一语道出了理论研究的重要性。法理是法律的基本精神，是制定法律、适用法律的学理支撑。开展军人地位和权益保障的法理研究，回答相关法律制度的必要性、公正性、科学性等问题，具有重要的指导价值。

第一章　关于军人地位和权益保障的学说评介

法学视角的军人地位，是指军人依法承担的特定义务和享有的特定权利的综合体现。换言之，法律所规定的军人权利与义务的实际状态决定了军人的法律地位。军人权益是军人的权利和利益的总和。权利是利益的前提，利益因权利而生。军人作为一种特殊职业，究竟处于何种法律地位？军人作为穿着军装的公民，究竟该履行哪些义务、享受哪些权利？如何界定军人与国家、军人与军队、军人与公民之间的关系？围绕此类问题，古今中外的学者作出了不懈探索。笔者试图对相关理论进行简要介绍和评说，以启发我们继续推进理论创新。

第一节　日渐没落的"特别权力关系论"

特别权力关系（又称特别权利义务关系）理论起源于19世纪君主立宪时代的德国，随后风靡日本等国家和地区。我国也有学者将其引进，认为特别权力关系理论可以对以下几种关系作出合理解释，填补理论空白：一是国家公务员与其所供职的国家机关或者公共组织之间的职务关系；二是军人与军队之间的关系；三是监狱与犯人之间的管理关系；四是学校与学生之间的管理关系。其"特别"之处主要表现在排除法律保留原则和剥夺权利救济手段等。[①]

---

① 杨临宏：《特别权力关系理论研究》，《法学论坛》2001年第4期。

随着法治和人权观念的发展，特别权力关系理论作为权力主体对抗法治主义的一道屏障，遭到了日益猛烈的攻击，废除该理论的呼声在日本、德国等国家和地区此起彼伏。用冷静而理性的眼光看待，特别权力关系理论是否有存在和引入之必要？是否有利于特别领域的实践发展？军人的法律地位是否能以特别权力关系理论作为理论依据？笔者认为，从理论产生背景看，特别权力关系理论产生于帝制时代的德国，具有鲜明的历史烙印和阶级特色，其本质是为当时的统治阶级服务。从理论的继承和传播看，处于明治宪法体制下的日本对公民权利天生冷漠，又因中央集权的需要，配以军国主义思想，才使特别权力关系理论得以引进，有了市场。理论只有与实践契合，才有生命力。第二次世界大战之后，随着世界法治和人权理论的不断发展，特别权力关系理论因其无视权利救济、拒绝法律保留，与时代渐行渐远，与实践日益脱节，正被淹没在历史潮流之中。虽然一些学者曾试图对其进行修正和改造，但也只是垂死挣扎，难改其衰落的命运。

军人是穿着军装的公民，是履行特殊使命的国家工作人员，其权利理应受到法律保障，非经法定程序不得限制军人权利，军人权益受侵犯应当寻求法律救济。因此，在军事领域中，应当摒弃用特别权力关系理论来解释或指导实践的倾向，防止将“军人以服从命令为天职”这句名言进行片面理解和扩大化运用。

第二节　水土不服的“现代契约论”

有学者依照社会契约论学说，认为军人同意加入军队，即意味着与国家签定契约，形成了一种特殊的契约关系，建议以此作为军事法价值取向的理论依据，作为限制或克减军人权利的正当理由。“关于军人权利义务的不对等、军事与法治的冲突、军事指挥的严格一元，向来存在模糊的论断。这就需要跳出纯粹的法律框架，在更基本的层次上寻求军事法的理论自洽,为军事法改革提供审慎反思。”①该学者进而以罗尔斯为代表的政治自由主义学说为线索,揭示了军事法哲学中的矛盾,并指出军事法的合法性危机,为界定军人法律地位提供了一个全新的视角。罗尔斯的思想是在洛克、卢梭、康德等古典社会契约论思想家的基础上发展起来的,其在《正义论》《政治自由主义》等著作中赋予了“社会契约论”的程序理性和工具理性,固然值得借鉴,但其理论以“原初状态”“无知之幕”等假想作为理论起点,具有较强的先验性、虚构性,这与马克思主义的历史唯物主义无疑是背道而驰的。

事实上,各国军队发展、军人的地位与本国国情、军情紧密相连,受经济基础决定,也受上层建筑影响。以政治自由主义为进路来推演军事实践,必将使这种光鲜的理论在实践面前碰得头破血流。军人权利的分配、军人法律地位的确立必须在国家宏观背景下考察,在国家历史中检验,从国家和军队的当代实际出发,运用全面的、联系的、发展的眼光来审视和设计。

第三节　值得商榷的“义务本位论”

在我国军事法学理论研究中,“义务本位”的观点较为常见,认为应当将军事义务、军事秩序作为确立军人法律地位的出发点和主要价值取向。比如有学者认为,在军事立法的价值选择中,应当坚持以下优位选择:“相对于人权维护而言,应当军事利益优先;相对于自由而言,应当秩序优先;相对于公正而言,应当效率优先。”②又如,有学者认为,“在现代社会中,法律应当是以权利为本位的,但是这并不意味着在所有的部门法中都是以权利为本位。军事法调整国家国防和军事领域的军事社会关系,其性质决定了在此领域中只能是以义务为本位的权利义务关系”。③还有学者

---

① 杨韧:《军事法的政治哲学论析与反思:基于政治自由主义的考量》,《南京政治学院学报》2007 年第 3 期。

② 王伟贤、刘柬良:《政治现实视野中的军事法》,《南京政治学院学报》2004 年第 5 期。

③ 池清旺:《论军事权利义务的关系》,《西安政治学院学报》2006 年第 6 期。

指出，“军事秩序强调的高度集中统一、严格服从命令、勇于自我牺牲等精神，是军事法制实现部队战斗力提高最为具体的价值要求，也是军事法学理论存在的最高价值”。①

所谓本位，就是以什么为本，以什么作为出发点的问题。权利本位将追求个人权利作为法律目标，义务本位把赋予义务作为法的主要价值取向，两者都是不恰当的，正如马克思所言：“没有无义务的权利，也没有无权利的义务。”②按照马克思的观点，人都具备自然属性和社会属性。有学者进而具体地认为人有“三性”，即理性、德性和灵性。③权利本位忽视“德性”，即否认人对国家和社会的责任与义务，自然不可取；而义务本位则违背“理性”，甚至压抑人的“灵性”，不利于人的全面自由发展，也不利于发挥人的主观能动性。军人作为公民中的一员，当然具有人的基本属性，片面从义务出发设定法律规范，将减损军队的吸引力，使普通公民对军队望而生畏，不利于兵员的征集和补充，甚至会影响现役军人的工作主动性、积极性；片面强调权利，则易导致军人无法完成急难险重的多样化军事任务，丢掉军人职业本色。无论从哪个角度讲，都应当兼顾权利与义务，唯有如此，才能保证军队建设全面、协调、可持续发展，才能确保战斗力生成具有不竭力量源泉。

第四节　可资借鉴的“公共负担平等学说”

公共负担平等学说属于一种公法理论，最早源于福利国家主义下的社会责任理论，研究解决的是税收的正当性、平等性以及特殊补偿的合理性等问题，其意旨在于社会成员应当公平地分摊公共负担，国家在任何情况下都应当以平等的基础为公民设定义务，当少数成员为了公共需要而

---

① 赵会平：《军事法学价值取向引论》，《西安政治学院学报》2001 年第 2 期。

② 马克思、恩格斯：《马克思恩格斯选集(第 2 卷)》，人民出版社 1995 年版，第 610 页。

③ 李龙、程关松、占红沣：《以人为本与法理学的创新》，中国社会科学出版社 2010 年版。

承受额外负担时应获得合理补偿。正如普罗文斯(Provence)所言:"如果居民为整个社团蒙受损失或为之提供物资,那么他应受到补偿。但如果他仅承受了施加于每个居民的普通负担,则又另当别论。"①公共负担平等学说将法律的基本范畴"权利义务"作为逻辑起点,强调权利和义务的对等性,蕴含着平等、公正等正义理念,兼顾了国家及社会的生存发展与个体的正当权利保护等关系,契合法治精神,对于实践具有借鉴指导意义。公共负担平等学说已得到许多国家认可和运用,成为行政补偿、国家赔偿等社会实践的法理学基础。

保家卫国、承担兵役也是一种公共事务,甚至可以说是最重要的公益,理应成为每个公民的天然义务,否则"皮之不存,毛将焉附?"我国《宪法》第五十五条规定:"保卫祖国、抵抗侵略是中华人民共和国每一个公民的神圣职责。依照法律服兵役和参加民兵组织是中华人民共和国公民的光荣义务。"《国防法》和《兵役法》对此予以重申和细化。很显然,在我国服兵役已成为公民的法定义务。但事实上,由于个体条件的差异以及军队建设的需要,真正投身国防、步入军营的只有一小部分人,他们用特殊的付出承担起了保家卫国的重任,让每一个公民有了和平安宁的环境。从这个意义上讲,对于军人权益进行特殊保障是对军人特别付出的一种正当补偿,且这种补偿应当由全体公众共同负担。因此,将军人权益作为一项特殊权益进行特别保障,理应得到每一个公民的理解、认同与支持。

综上所述,"特别权力关系论""现代契约论""义务本位论"都有其时代烙印或自身缺陷,不宜作为确立军人地位和权益保障的指导理论;而"公共负担平等学说"符合公平正义理念,具有一定的借鉴意义。笔者认为,确立军人地位和权益保障,应当以马克思主义权利义务一致思想为基本指导,结合军人的职业属性、遵循战斗力生成规律、立足国民经济和社会发展实际,并借鉴世界上建军治军的成功经验,进行综合衡量。具体的衡量标准和考量方式将在下文论述。

---

① 转引自陈兵、徐键:《公共负担平等的原始意义——论税务平等原则》,《齐齐哈尔大学学报(哲学社会科学版)》2006年第2期。

第二章　确立军人地位和权益的考量因素

究竟如何确定军人地位高低和权益多寡？内在的标准是什么？笔者认为，可从以下几方面考虑。

第一节　符合军人的职业属性

军人地位和权益植根于军人职业本身。军人是以“服兵役”的方式来维护国家安全的特殊职业，其特殊性主要体现在政治要求特殊、职业产品特殊、职业素养特殊、职业风险特殊。具体而言，军人职业具有以下特点：

一、政治要求特殊

马克思主义国家学说告诉我们，军队是国家机器的重要组成部分，是巩固政权、抵御侵略的坚强后盾。军人职业体现了军人与军队、军队与国家、政党及人民之间的特殊政治关系，不同于普通的公务人员与国家之间的法律关系，也有别于劳动者与企业之间的法律关系，这就意味着不能简单地套用《公务员法》或《劳动法》来界定军人的法律地位及权益。我军是党绝对领导下的人民军队，由党缔造、听党指挥，完成党和人民赋予的使命和任务。军人是中国共产党领导的国家武装力量基本成员，是人民子弟兵，是捍卫国家主权、统一、领土完整的坚强力量，是中国特色社会主义现代化建设的重要力量。我国《宪法》第二十九条规定：“中华人民共和国的武装力量属于人民。它的任务是巩固国防，抵抗侵略，保卫祖国，保卫人民的和平劳动，参加国家建设事业，努力为人民服务。”《军人地位和权益保障法》第十二条指出，“军人是中国共产党领导的国家武装力量基本成员，必须忠于祖国，忠于中国共产党，听党指挥，坚决服从命令，认真履行巩固中国共产党的领导和社会主义制度的重要职责使命”。《军人地位和权益保障法》第十三条规定：“军人是人民子弟兵，应当热爱人民，全心全意为人民服务，保卫人民生命财产安全，当遇到人民群众生命财产受到严重威胁时，挺身而出、积极救助。”

二、职业产品特殊

马克思指出，“军人虽然不生产谷物，却能生产安全”。一语道出了军人职业的特殊价值。军人不占有任何生产资料，不直接生产物质产品，但会生产着与物质利益密切相关的其他产品，比如国家安全、政治环境、社会秩序、地缘条件，等等。军人所产出的虽然是一种无形的产品，但对整个国家和全体公民有着根本性的意义。国家不安全，其他一切有形的产品都将面临威胁、陷于危险甚至毁于一旦。军人职业的产品形式与公务人员的产品形式存在相似之处，即均为无形产品，但后者属于内部秩序等无形产品，而国家安全则属于最为基础、更为根本的无形产品，可谓立国安邦之本。其他职业多数生产的是有形产品。无形产品系为有形产品服务，为生产有形产品的职业提供安全和秩序保障。

三、职业素养特殊

军事职业的核心是指挥战争和领导管理军队，军事职业人才应具备领导、指挥、管理武装力量所需的专门知识与技能，培养军事职业能力的时间和周期较长。军事职业技能是面向战场、瞄准战争的，与平时建设领域的职业技能有较大差别。除了少数军民通用的专业技能之外，相当部分的军事岗位技能不能在其他行业直接使用。不仅如此，军人缺乏二次就业的自主选择权，是否退役、何时退役往往不由军人说了算，其绝大多数是被动的选择，是以“服从”为前提的适度选择。因此，军人退役安置保障就不得不作为一个重要考量因素。除此之外，军人的职业道德要求更高，不仅要具备一切社会职业应有的敬业精神，而且必须具有随时准备牺牲性命的更高境界。“西方学者普遍认为，对于职业军人的道德要求远高于其他职业。正如加拿大 Hackett 将军所说：坚韧、忍耐、忠诚、勇气等等这些美德，对于一般人来说是锦上添花的东西，但对于军人而言却是必需的。”①这种特殊的道德操守、境界也决定了军人的地位不同于一般职业。

四、职业风险特殊

军人职业是一种向死而生的职业，随时得做好牺牲的准备。在所有职业中，军人面临的风险等级最高、范围最广，既有地理环境隐含的风险，也有工作环境隐含的风险，还有执行任务隐含的风险。军人驻守的地方遍布我国大江南北、长城内外，高海拔地区、有毒区域、有辐射的区域均有军人的身影。军人的训练从难从严从实战需要出发，摸爬滚打、真枪实弹，出现受伤甚至死亡的概率较大。军人执行急难险重任务，面临着生死考验。战时，军人必须冲锋陷阵，视死如归，不得贪生怕死、主动投降。军人职业的风险之高、奉献之大，其他任何职业均不可同日而语。

由此可见，军人确实是一种最为特殊的职业，需要国家和社会给予特殊对待，并且在法律中明确界定其法律地位。

第二节　遵循军队战斗力生成规律

“战场打不赢，一切等于零。”军人为战而生，向战而存。军队建设务必始终盯住战斗力这个根本，界定军人地位及权益同样需要以战斗力为

---

① 周泉兴：《专业视野下的军事职业与军事职业人才》，《高等教育研究学报》2015 年第 2 期。

重要标准，军人地位和权益保障工作以服务军队战斗力建设为根本目的。

习近平主席在十二届全国人大一次会议解放军代表全体会议上讲话指出："我们必须扭住能打仗、打胜仗这个强军之要，强化官兵当兵打仗、带兵打仗、练兵打仗思想，牢固树立战斗力这个唯一的根本的标准，按照打仗的要求搞建设、抓准备，确保部队召之即来、来之能战、战之能胜。"战斗力标准是马克思主义实践标准和生产力标准在军事领域的自然延伸，是判断军队建设成效、完成任务能力的根本标准。军队战斗力的强弱，主要由三方面因素决定：一是人员素质，二是武器装备的质量与数量，三是人与武器装备的结合方式，包括静态的编制体制和动态的军事训练。其中人是武器装备的使用者、作战方法的创造者、军事活动的组织者和实践者，是战斗力生成中最活跃的、具有决定意义的能动主体。因此，坚持战斗力标准离不开对军人权利义务的科学规范。如何设定军人权利义务，才能激发军人战斗精神、提高作战本领？血雨腥风的战争实践表明，能征善战的部队都具有秩序正规、纪律严明、作风优良、士气高昂的共同特征，古今中外的常胜之师概莫能外。

一方面，塑造良好的秩序、严明的纪律意味着要对军人自由权利作出必要限制，使军人听从指挥、严格要求、令行禁止，在平时从难从严从实战要求出发搞训练，在战时做到召之即来、来之能战。另一方面，激励军心士气又需要对军人权益作出特殊保障，让其安心服役，增强荣誉感和责任感。特别是在军人生活以及家庭等方面应当对军人权益给予特殊保护和照顾，关注军人的后路、后院和后代问题，减少军人的后顾之忧，让其一心一意练兵备战。

同时，军队战斗力建设需要源源不断的人力支撑，特别建设信息化军队、打赢信息化战争，对兵员素质要求越来越高。在社会主义市场经济条件下，利益杠杆、个人价值在人才流动中的驱动作用更加明显，受此影响，军营的吸引力在一定范围内一度有所下降。只有依法保障军人地位和权益，注重提升军人职业的比较优势，才能让军人成为全社会尊崇的职业，进而产生

"筑巢引凤"的效应,吸引更多的优秀人才参军入伍,投身国防和军队建设。

第三节　贯彻权利义务相统一的公平正义理念

揭开一切法律的面纱,映入眼帘的就是权利和义务。权利和义务,犹如一对孪生兄弟,两者相伴而生,共同成为法律的核心内容。合理设定权利义务,不仅是公平正义这一法治理念的内在要求,而且是衡量法律是否为良法的重要标准之一。从法理上看,权利和义务是法律的一体两翼,二者在结构、数量、功能、价值等方面相互关联。从结构上看,权利和义务具有对立统一的关系,权利表征利益,义务表征负担,两者处于相互排斥的对立面;同时,权利和义务又相互依存、相互贯通,一方的存在和发展以另一方的存在和发展为条件,在一定条件下相互转化。从数量上看,权利与义务具有等值关系,一个社会的权利总量和义务总量是相等的,在具体法律关系中,两者相互包含。从功能和价值上看,权利和义务具有互补关系,权利直接体现法律的价值目标,义务保障价值目标和权利的实现;权利提供不确定性指引,义务提供确定性指引;权利的导向和激励机制有助于实现自由,义务的约束机制有助于塑造秩序。

如何确定和分配军人的权利义务是一个值得探讨的问题。笔者认为,按照权利义务一致性原理,在军事领域和非军事领域应设定不同的权利义务分配标准,同时按照公平原则对权利的特别限制或义务的特殊付出进行特别补偿,实现权利义务整体上的一致性。由于军人在军事领域作出了特殊牺牲奉献,所以在非军事领域应给予特殊保障关怀。在非军事领域应当以人为本,对军人权益进行特殊保护和补偿。非军事领域是指与执行军事任务没有直接关系的领域,也可称为军人生活领域。军人生活从内容上涉及政治、经济、文化和社会等方面,从范围上包括军人个体生活、军人家庭生活以及军人社交生活。当然,军人的工作领域与生活领域很难截然分开,常常是相互交织、相互影响。军队的特殊使命决定了军人的特殊付出，随时面临着牺牲奉献，承担着机会代价、自由代价、家庭代价、再就业代价乃至生命代价。由于军事领域的封闭性、保密性，军人的社交圈子相对狭窄，可使用的社会资源相对较少；由于军事任务的紧张性、艰苦性，军人与家人团聚相对较少，在赡养父母、抚养子女、扶持配偶等方面往往力不从心；由于军事职业的专门性、独特性，许多军人除了“操枪弄炮”、站岗执勤，别无其他专业技能，导致脱下军装、二次就业时处于劣势，难以迅速融入社会；由于军事行动的高风险性，军人随时可能“抛头颅、洒热血”，置生命健康于不顾，换取国家的和平和社会的安宁。军事职业的上述特点，决定了军人比普通公民牺牲奉献更多，履行的公共义务更多。从公平正义的法治精神看，权利义务是一致的，公共负担应当坚持平等的原则，对特殊的奉献应当给予特殊的补偿；从国防和军队建设长远发展看，只有对军人权利给予特殊保护，提升军人的社会地位，才能使普通公民乐于从军，让现役军人安心服役，让退役军人感恩军旅生涯，从而在全社会形成从军光荣、爱军精武的风尚。

第四节　立足国民经济和社会发展实际

依法保障军人地位和权益，必然从实际出发，考虑国民经济和社会发展水平。正如马克思所强调的：“社会不是以法律为基础的，那是法学家的幻想。相反地，法律应该以社会为基础。”[①]运用法律来界定军人法律地位和权益保障时，只有法律符合客观实际，才可能真正转化为现实，实现法的价值和目的。国民经济和社会发展的实际主要包括以下方面：一是经济发展水平。经济发展水平是指一个国家经济发展的规模、速度和所达到的水准，反映国家经济发展水平的常用指标有国民生产总值、国民收入、人均国民收入、经济发展速度、经济增长速度等。军人的待遇保障

① 马克思、恩格斯：《马克思恩格斯全集(第 6 卷)》，人民出版社 1961 年版，第 291—292 页。

要以经济为基础，无论是工资、住房、医疗等待遇都要以经济实力为基础，与经济发展水平相适应。二是社会可接受程度。社会可接受程度可从纵向与横向两个维度考察。从纵向看，要符合历史文化传统，跟上时代发展步伐，军人权益保障措施应循序渐进、水到渠成，既防止急于求成、急功近利，又防止政策滞后、落后时代。从横向看，军人地位和权益保障，既要具有比较优势，以增强军人职业的吸引力、凝聚力，又得兼顾其他职业现状，考虑分配正义，把差距控制在合理范围之内。

军人权益保障立足于国民经济和社会发展实际的精神，已在我国法律中得到体现。《国防法》第六十三条规定："国家和社会优待军人。国家建立与军事职业相适应、与国民经济发展相协调的军人待遇保障制度。"《军人地位和权益保障法》第五条规定，"军人地位和权益的保障水平要与国民经济和社会发展相适应"。《退役军人保障法》第五条规定，"退役军人保障应当与经济发展相协调，与社会进步相适应"。

第五节　借鉴外国军人权益保障经验

"他山之石，可以攻玉。"放眼世界，不难发现许多国家都十分重视依法保障军人权益。下文简要介绍美国、俄罗斯、法国、德国、英国等国家的军人权益法律保障情况，为我国军人权益保障的法治建设提供参考。

一、美国军人权益法律保障情况

美国作为超级大国和军事强国，十分重视军人权益的法律保障。美国人认为美国军人"不仅是最杰出的军人，也是品格最纯洁的人"。美国军人崇高的社会地位与其军人权益保障立法紧密相关。美国的军人权益保障立法具有以下特点：

（一）立法上突出军人权益保障法律的权威性和操作性

美国是一个联邦制国家，通常情况下联邦与各州之间立法和司法体制相对独立，但军事立法及军事立法的权力均由联邦专有。[①]因此，联邦所制定的军人保障立法在美国各州统一适用。美国有关军人权益保障的联邦法律有一百余项，建构了比较完善的军人权益保障法律体系，其中具有代表性的有《国防法》《老兵权利法》《军人权利法案》《退伍军人权利法案》《退役军人就业机会法》和《无家可归退役军人援助条例》等。不仅如此，在联邦立法的基础上，其他各州为了更好地保障军人权益，结合本州实际情况，对联邦政府制定的军人权益保障法律进行补充和细化。比如，马萨诸塞州规定："退役军人参加公务员考试者，只要能通过初试，就能享有优先录取的权利。"由此可见，美国联邦与各州都高度重视军人权益保障立法工作，且州立法注重与联邦立法的衔接配套，所立之法实用性、操作性很强。

（二）注重军人权益保障组织建设

职能机构是落实军人权益保障法律的重要实体，美国联邦政府设立了三个部门协同管理有关的军人权益保障事务，包括退伍军人事务部、国防部和劳工部。每个部门各司其职、相互配合。退伍军人事务部负责退役军人及其家属的管理、服务和抚恤工作，下设医疗局、福利局和公墓局三大管理局，保障退役军人及其家属的医疗权益、社会福利等。国防部负责拟制军队退役计划和退役安置政策，制定项目繁多的家庭支援政策，为军人家属提供帮助。劳工部下设"退伍军人就业与就业培训局"，专职为退伍军人提供就业培训、咨询、服务等。除此之外，美国民间还有数百个由退役军人组成的非政府组织，自发为有关的退役军人提供社会福利和慈善援助，补充维护退役军人权益；同时也与政府及军方保持着相互协作和监督的关系，开展有关军人权益保障政策的讨论评估，通过内部游说、舆论施压、法律诉讼等多种方式，对国会和政府的政策产生影响。[②]

---

① 邹军誉：《国外优抚安置制度精选》，中国社会出版社 2003 年版，第 23 页。

② 叶王彰：《军人军属优待抚恤立法研究》，西南政法大学 2019 年硕士学位论文。

（三）为军人军属提供全面而厚实的优待

美国军人权益的项目全面，包括住房待遇、医疗保障、抚恤权益、教育权益、就业权益、养老权益、保险权益等，而且每项权益保障力度都很大。以美国军人薪金待遇为例，在美国基础国防开支中，美国军人的薪资收入占比较高。美国军人工资结构包括常规工资、特殊工资和多种福利补贴等，不仅常规工资的金额在世界上居于前列，而且福利补贴的类型也名目繁多、数量可观。美国军人权益保障对象全面，不仅优待军人本身，而且惠及军人家属，建立了较为完善的“军人家庭法律援助”制度和救助体系，为军人家属提供日常生活、教育、住房、医疗保险等全方位的援助。美国军人一旦参军入伍，军队就会负责承担其随军配偶和子女的生活、医疗和住房。即使军人退役之后，有关退役军人能享受的免费医疗等待遇继续让其子女享有，有关教育资助也能转移给军人家属享有。

（四）重视退役军人权益保障

美国在战争实践中不断总结反思，逐渐强化退役军人的权益保障力度。早在独立战争结束前夕，美国国会就通过法案，为参加独立战争的退役军人无偿提供一定数量的土地，帮助他们渡过经济难关，保障基本生活，同时也稳固了新生政权。第一次世界大战之后，美国国会虽然通过了“伤残退伍军人资助法案”，但由于资助对象范围过于狭窄，大批退伍军人的权益未能受到重视，最终导致几十万退役军人抗议闹事，一度影响了政权稳定，教训十分惨痛。第二次世界大战中，美国参战军人数量众多，达一千余万人。为了吸取第一次世界大战退役军人权益保障不力的教训，稳定社会和政局，第二次世界大战接近尾声之际，经有识之士建议，在美国总统罗斯福的亲自推动之下，美国国会于 1944 年通过了《退伍军人权利法案》。该法案为退役军人提供了教育培训资助、政府担保的贷款、失业救济金、医疗卫生服务等多方面权益保障，同时强化了退役军人事务局局长职权，以便于更好地开展服务保障工作。第二次世界大战后，该法案又在实施中不断完善和补充，使退役军人的权益得到了较为全面的保障，同时还间接推动了美国教育事业的发展，促进了社会经济的进步。①

二、俄罗斯军人权益法律保障情况

俄罗斯作为赫赫有名的军事强国，其军事力量显著增强了俄罗斯在国际舞台的影响力、话语权，俄罗斯人眼里的军人是“排在上帝前面的人”。在长期的建设及战争实践中，俄罗斯不断完善军人地位及权益保障立法。在苏联解体之初，由于政局动荡、经济低迷，军人权益保障一度不受重视，相关立法滞后，军人地位和福利待遇降低，兵员严重短缺，军队战斗力下降，直接导致第一次车臣战争惨败。普京执政之后，高度重视军人权益保障，注重通过立法手段提高军人地位。经过多年法制建设，俄罗斯已经形成了层次分明、内涵丰富的军人权益保障法律体系。②主要有以下特点：

（一）军人权益保障法律体系完备

目前已形成了统分结合、上下衔接、相互配套的法律体系，既有俄罗斯联邦议会制定和通过的法律，又有俄罗斯联邦总统和政府通过的军事行政法规，既有概括性、原则性的宏观规定，又有具体性、操作性的配套制度。其中，《俄罗斯联邦宪法》为管总的“母法”，是一切法律的统领。《俄罗斯联邦军人地位法》为保障军人权益的基础性、综合性、主干性法律，该法明确了军人的地位，阐明了军人权益保障立法的依据、适用范围和基本原则，如军人地位法定原则、合同制军人与应征服役军人地位同等原则、优惠原则、法律保护和社会保障原则等。除此之外，还有《俄罗斯联邦军人保险条例》《老战士法》《军人、应召参加军事训练公民、俄罗斯联邦内务机关普通工作人员和主管人员、联邦税务机关工作人员生命与健康的国家义务保险法》《俄联邦武装力量军人签订服役合同书和退役办法暂行条

① 续润华、宁贵星：《美国“退伍军人权利法案”的颁布及其历史意义》，《河南师范大学学报（哲学社会科学版）》2001 年第 1 期。

② 王硕：《俄罗斯军人权益保障法律制度述评》，《军事经济研究》2012 年第 3 期。

例》《荣誉称号条例》《国家奖励条例》《俄罗斯联邦武装力量住房保障程序细则》等法律法规。

（二）军人权益内涵丰富、辐射面广

俄罗斯军人权益保障的对象并不仅仅局限于现役军人，还包括军人家庭成员和退役军人。军人权益保障所涉及的领域涵盖政治、教育、税收、住房、医疗、就业、安置等方面。概括而言，俄罗斯军人权利或权益主要包括以下方面：第一，政治民主权利，军人享有参与社会和国家事务管理的权利，享有控告不合法行为的权利，享受有限制条件的信仰和信教自由等。第二，人身权利，包括自由权、荣誉权和人格尊严受法律保护。第三，物质经济权利，包括获得薪金和各项补贴的权利、住房权、财产所有权、税收优待、军人保险权益等。当前，俄罗斯军人收入达到中产阶级的水平，列兵的月工资要高于全国人均月收入。此外，对于参战的军人还可依法享受俄罗斯的卫国战争老战士的福利待遇，包括申请免费住房、领双份养老金、数量可观的“胜利日”过节费，等等。第四，社会保障权益，包括医疗保障权、自由调动和选择居住地的权利、劳动工作休息权利、文化教育权利、退出现役就业保障、丧失养育人的军人家属的社会保障权等。

（三）遵守权利义务一致的原则

俄罗斯法律体系在充分保障军人权益的同时，也十分重视对军人职责义务的规范，以实现权利义务相统一的效果。俄联邦《国防法》《军事义务与军事勤务法》《俄罗斯联邦军人地位法》对军人的职责使命进行了界定和明确。并基于军人的特殊使命，对军人的部分权利进行了限制，比如：第一，禁止军人参加罢工。第二，限制军人的宗教活动，军人无权以宗教信仰为由拒绝履行军人职责，不得利用职权宣传宗教，不得在部队内建立宗教团体。第三，禁止兼职，军人在服役时不得在企业、机关和团体内兼职，禁止利用职务之便协助自然人和法人从事经营活动，以及从中收取报酬和好处。

三、法国军人权益法律保障情况

法国作为一个具有法治传统的大陆法系国家，不仅在民法等普通法领域具有开创性和引领性，而且在军事法领域也大胆创新，其军人权益保障立法可谓与时俱进、独树一帜。

（一）重视军人的政治民主权利和社会生活自由

法国社会具有提倡民主与保护人权的浓厚氛围，法国的军人权益保障立法亦受此影响，民主与人权等理念被渗透到了军人权益保护立法之中。特别是2005年，法国修订了《国防法》，结合时代需求拓展了军人的部分权利，具体包括以下几个方面：(1)放开了部分政治活动自由，允许军人参加政党或工会组织，此前在法国军营中的工会活动是被禁止的；(2)拓展了军人的新闻及言论自由，废除了部分出版物在部队驻地的发行禁令，也允许军人就军队问题接受采访，只要采访内容不涉及禁止透露的数据和军事机密；(3)军人出事，政府买单。军人在服役、休假、战争间歇期间发生了事故或问题，如果需要承担责任的，由法国政府承担；(4)放开了军人婚姻自由，可以不经上级主管部门批准与外国女性登记结婚。①

（二）对军人权利义务的规范平战有别

法国在不同时期对军人权利义务的要求各不相同，可谓平战分制。在非战争时期，实行军民同制原则，军人与非军人几乎享有相同的权利，军人不会因为“穿着军装”而享有超越平民的“特权”，当然也不会因为军人身份在享有权利时受到任何限制。可以说，在非战争状态下，军人的权益保障与普通公民享有的权益保障基本相同。但是，在战争状态下，法国法律对军人权益进行特殊保障，对义务进行特殊规范，以保证军人完成担负的特殊职责使命。前述的平战分制、军民同制原则在法律适用方面得到了较好体现，以军事司法为例，根据1982年法国修正的《刑事诉讼法

---

① 法国通过新《国防法》全面保障军人权利，新浪网，2004-7-30，http://news.sina.com.cn/w/2004-07-30/10173242852s.shtml。

典》和《军事司法典》，平时取消国土领域内军队常设军事法庭的设置，普通法院对军人犯罪案件行使管辖权，依据《刑事诉讼法典》予以审判，以保证法律适用的统一性、公平性；战时则恢复设立国土三军法庭，专门行使军事司法管辖权，以满足作战行动的效率需求和保密需求。

(三) 军人的待遇保障优厚

法国十分注重对军人军属的社会保障，军人福利待遇具有明显的可比优势。法国自 1948 年公布《国家公务员报酬法》以来，一直对国家公务员、法官和现役军官统一实行指数工资制。他们按照领取工资者的职业将工资分为四等，其中现役军官为最高等。军人工资指数比地方同级公务员平均高约 25%—30%，此外，军队还有多种补贴和优惠政策，可以说军官的实际收入明显高于同级公务员的收入。①法军的义务兵也可享受多种社会福利，如免费医疗、交通优待等，义务兵从军营往返居住地，每年可有十二次免费乘坐火车的机会；乘坐火车前往其他地方，享有减免票价 75%的优惠。②除此之外，军属以及军人家庭也享有多项保护措施和福利待遇。

四、德国军人权益法律保障情况

德国与法国一样，同属于大陆法系国家，具有成文法传统，高度重视对军人权益保障的立法工作，并善于借鉴其他国家成熟的立法经验，吸取两次世界大战发起国和战败国的教训，建立了较为完善的军人权益保障立法体系。主要有以下特点：

(一) 军人权益保障立法体系严密

德国建立了一整套保障军人权益的法律体系，相关的法律规范主要有《基本法》(德国宪法)、《军人法律地位法》(简称《军人法》)、《军人福利法》《军人保障法》《退役军人法》《军人供给法》《军人家庭补助法》《军人养

---

① 赵东斌：《军人法律地位研究》，中国政法大学出版社 2008 年版。

② 田小文：《外国兵役制度概览》，军事科学出版社 1997 年版，第 202—203 页。

老保险法》《职业培训工作促进法》《护理法》《军人诉愿法》《国防监察员法》,等等。这套法律体系为德国军人提供了全方位全过程全要素的权益保障。从法律位阶看,军人权益保障法律规范既有宪法层面的根本大法,又有多个领域的专门性法律;从时间看,涉及军人入伍到退役的全过程,力求实现权益保障的无缝衔接;从空间上看,涉及军内和军外,既有军内权利保障,又有社会保障;从内容上看,涉及工作生活的方方面面,满足军人的多种正当需求;从对象上看,不仅保障军人本身,而且优待军人家属,不仅关注一般军人权益,而且特别关照残疾军人等特殊群体。

(二)权益保障措施具有"普遍主义"和"特殊主义"的双重属性

"基于对纳粹德国时期军事专制独裁历史的深刻反思,战后以及统一后的德国通过基本法确立了议会对军队加以控制的现代军法原则。德国军人并不因为加入军队而必然丧失某种权利或身份,其与平民的区别主要不在身份上,而在履行的军事任务和职责的特殊性上。"[①]在德国,军人常被形象地称为"穿军装的公民",反映了德国军民同制的社会文化。[②]因此,德国军人权益保障注重从社会整体角度考虑,能通过普通方式解决的尽量纳入社会保障体系,需要特殊对待的也力求衔接科学。德国通过社会保险、社会救助、社会福利及社会服务等共同支撑起了一张综合社会保障网络,为军人权益保障进行了充分而又周到的制度安排。同时,德国也考虑军人职业的特殊性和军人类型的差异,对军人权益进行差异性设计和特殊性保障。德国军人主要分为两种类型:一是终身服役的职业军人(Berufssoldaten);二是有期限服役的军人(Soldaten auf Zeit)。根据两种军人职业的不同,德国法律进行了区别性对待。对于职业军人,德国法律将其归属于公务员,对职业军人的权益保障参照公务员的福利待遇规则实行。对于有期限服役军人的权益保障问题,法律充分考虑职业转换、军地衔接等现实问题,赋予了此类军人特殊的社会保险和照护待遇,安排了

① 田友方:《外国军事法评介》,海潮出版社2007年版,第155页。

② 姚宝、过文英:《当代德国社会与文化》,上海外语教育出版社2002年版,第333页。

过渡阶段生活保障措施，并针对军人及家属住房实施资助。①

（三）军人权益保障有力

德国《军人供给法》对军人的各种福利待遇进行了详细规范，而且在实践操作中保障力度大，军人待遇优势明显。从终身服役的职业军人角度看，虽然对其参照公务员保障，军官的基本工资与地方同级官员形成对应关系，基本一致，但由于享有岗位补贴、家庭补贴等多种补贴，其实际收入一般比地方同级官员高出许多。这种做法既保障了整个国家工资制度的公平公正，又提高了军人的工资待遇和社会地位。②从有期限服役军人角度看，权益保障方式灵活多样、科学务实。比如，将现金待遇和服务型待遇结合起来，不仅通过货币保障方式来安定生活、提供福利，而且注重运用多种方式促进军人的职业能力建设和能力培育。“德国特有的职业教育体系积极参与了后军旅时代的军人生命历程的塑造，有力地迎合并支持了军人生命历程转型的需求，推动了后军旅时代生命历程的状态推移和地位推移。”③

五、其他国家军人权益法律保障情况

英国作为老牌的军事强国，早在中世纪 1215 年就制定了《自由大宪章》，规定了军人权利与义务，明确了军人优待措施及兵役、军纪等制度。此后，英国陆续在《武装力量法》《国防部法》中进一步明确了军人的权利与义务、福利待遇以及退役军人的就业安置等问题。英国把提供优厚的待遇作为提高军队职业吸引力的重要方法，从法律上规定军官的薪金比地方同级人员高，如再加上住房、交通、执勤等各种补贴，收入优势十分明显。④

---

①③ 刘涛、黎雨昕：《生命历程视角下的德国军人社会保障制度》，《治理研究》2020 年第 3 期。

② 吴学永：《德国军事制度述论》，《外国军事学术》2000 年第 10 期。

④ 田小文：《外国兵役制度概览》，军事科学出版社 1997 年版，第 178—180 页。

日本于第二次世界大战后不断违反和突破和平宪法，特别是在2004年建成“有事法制”法律体系，使和平宪法成为一纸空文。日本军国主义抬头趋势和自卫队建设情况，不容小觑。为了壮大自卫队的军事实力，提升职业吸引力，日本不断加强和完善自卫队员权益的保障制度，相继颁布了《防卫厅职员薪金待遇法》《国防会议组织法》等有关权益保障的法律制度。日本自卫队成员在法律上属于“国家特殊公务员”，按照公务员的标准领取工资，但同时有较高的训练补贴和福利待遇，自卫队员已成为一项具有比较优势的职业。

瑞士虽然奉行武装中立的国防政策，但其国防力量依然强大，有关军队及军人权益保障的制度同样具有研究价值。依据瑞士宪法规定，禁止保持职业军队，实行国民军制度。瑞士的军人具有与国家公务员一样的地位，军人的薪金福利待遇完全按照国家公务员对待。瑞士联邦议会制定了《公务员法》，规定了各类公务员等级划分标准，将国家公务员划分为不同的等级，有不同的薪金档次，规定了奖励和处罚措施等。同时，联邦军事部制定了从事特殊职业的军人条款，如在《国家公务员法》的基础上制定了《军事教官队伍条例》。

除此之外，意大利、澳大利亚、韩国、印度、加拿大、波兰等国也都十分重视军人权益的法律保障。

综上所述，重视依法保障军人权益已成为许多国家的通行做法。当然，不同的国度有不同的国情军情、有不同的文化传统和社会背景，其法律制度自然也风格各异，我们在借鉴共享法治文明、吸取有益经验的同时，应当从我国实际出发，建设具有中国特色的军人权益保障法律体系。

第三章　立法保障军人权益的正当理由

为何要专门制定法律来保障军人权益？立法的必要性、正当性何在？为了解答人们心中的类似疑惑，笔者拟从政治视角、强军视角、规范视角、历史视角等方面作些探究。

第一节　政治视角：立法保障军人权益是党的主张和人民意志的统一体现

“维护军人地位和权益问题，不仅仅是一个具体的法律问题，也是重大的政治问题。军人地位和权益要依法维护，对于军人群体和社会全体而言，对于国家长治久安来说，是一条最有利最有益的途径。”①运用法律手段保障军人权益既贯彻了党的政策主张，也反映了人民的意志，还提振了军心士气，增进了公民的国防意识，可谓一举多得。

立法问题涉及多重关系。在我国，党的领导、人民当家作主和依法治国是有机统一的整体，三者相互依存、相互作用，共同体现社会主义法治国家的中国特色、中国风格和中国气派。“社会主义法治必须坚持党的领导，党的领导必须依靠社会主义法治。法是党的主张和人民意愿的统一体现，党领导人民制定宪法法律，党领导人民实施宪法法律，党自身必须在宪法法律范围内活动，这就是党的领导力量的体现。党和法、党的领导

① 李冬、高民政：《保障军人地位和权益具有政治意义》，《社会科学报》2021 年 10 月 28 日。

和依法治国是高度统一的。”[1]党领导立法既是立法工作的政治原则，又是提升立法工作质量的重要保证。党对立法工作的领导主要是发挥总揽全局、协调各方的领导核心作用，依托人民代表大会制度，保证党的路线方针政策和决策部署在国家工作中得到全面贯彻执行，将党的主张通过法定程序上升为国家意志，使其定型化、具体化、规范化，形成具有强制力、公信力、执行力的法律规范。

维护军人尊崇地位、保障军人合法权益，历来倍受党的重视，早已提上议事日程。我党深刻揭示了强军与强国的辩证关系，认识到强国必须强军，军强才能国安，并将军人权益保障工作作为实现强军目标的重要因素，提出了一系列政策主张。党的十九大报告鲜明提出：“维护军人军属合法权益，让军人成为全社会尊崇的职业。”习主席多次强调，要抓紧制定完善军人地位和权益保障方面的法规制度，增强军事职业吸引力和军人使命感、荣誉感。

党关于依法保障军人权益的政策主张，与人民群众“拥军优属”的优良传统高度契合，反映了广大民众的殷殷之情和热切期盼。用法律形式维护军人地位、保障军人权益，实际上是把党的建军政策与人民的拥军心愿转化成法律规范和刚性制度，进而发挥其稳预期、固根本、利长远的保障作用。

第二节　强军视角：立法保障军人权益是提升军队战斗力的重要举措

军人是国防力量的中坚力量、军队建设的主体，是战争制胜的决定性因素。立法保障军人权益抓住了战斗力生成的关键要素，确认和尊重了军人的主体地位，让军人成为全社会尊崇的职业，有利于凝神聚气，让军

① 习近平：《在省部级主要领导干部学习贯彻十八届四中全会精神全面推进依法治国专题研讨班开班式上讲话》，新华网，2015 年 2 月 7 日。

人安心服役，让部队专心备战，让社会倾心拥军。

从军人个体来看，立法保障军人权益是激发军人主体意识和内在动力的重要举措。军人是武器装备的使用者、作战方法的创造者、军事活动的组织者和实践者，是战斗力生成中最活跃的、具有决定意义的能动主体。而军人主观能动性的发挥程度与其权益保障程度具有紧密的关联性。马克思主义认为，“利益”是一个非常重要和实用的社会概念，“人们奋斗所争取的一切，都同他们的利益有关”。①可以说，追求利益、维护权益是人类最自然和最基础的心理需求，对此无需遮遮掩掩、刻意回避。特别是在市场经济条件下，在国家宪法明确规定保障人权的情况下，人们的利益观念、权利意识有了进一步的提升。例如，“在满足利益需要方面，公民在服兵役和履行其他国防义务过程中，会在工资、福利、就业、住房、医疗、养老、补偿等许多方面提出与其他社会生活领域相均衡甚至更高的利益要求”。②立法保障军人权益将会强化军人使命感、荣誉感、责任感和获得感，激发军人献身国防的自豪感和自觉性。

从职业角度看，立法保障军人权益有利于增强军人职业吸引力，为战斗力生成提供不竭的力量源泉。军事人才的源头活水蕴藏在社会大众之中，从社会引进人才是军队人才队伍建设的开源举措。当军人权益得到充分保障时，将会增强军人职业的吸引力，反之则会影响公民的参军积极性，影响兵员征集的质量。美国兰德公司曾做过一项调查表明，物质福利是保持部队稳定的“最有效措施”，军人加薪 10%，新兵入伍率一般可提高 39%。“美军士兵的工资收入标准由美国国会制定，每年修订一次，大多数情况下逐年增长或维持在一定水平。”③以立法的形式保障军人权益，向社会公开宣示“军人是一种受尊崇的职业”，能树立起拥军优属、爱军精武的价值导向，为社会大众提供行为模式、标准及责任，为优秀青年

---

① 马克思、恩格斯：《马克思恩格斯全集（第 1 卷）》，人民出版社 1956 年版，第 82 页。

② 薛刚凌、周健：《军事法学》，法律出版社 2006 年版，第 8 页。

③ 汤国光、郭向军：《美军军事法律对美军军心士气和官兵素质的影响及启示》，《西安政治学院学报》2008 年第 1 期。

人才规划职业提供了机遇和方向。

从组织角度看，立法保障军人权益有利于为部队分忧减负，让各级组织能够聚精会神抓建设、一心一意练打仗。练兵备战是部队的中心工作，各个单位理应心无旁骛地专司主业。军人权益保障工作虽然不是中心工作，但影响中心工作。在《军人地位和权益保障法》《退役军人保障法》等法律出台之前，军人权益保障工作由于缺乏位阶高、权威性强的法律依据，相关单位的权责不清、工作程序不明，部队单位开展维权工作时大多采取行政调解的方式，常常面临依据不清、底气不足等问题。维权过程往往耗时耗力，而维权结果却因人而异、因地而异。健全军人权益保障法律体系，有利于明晰相关单位的职权职责，理顺军人权益保障的工作机制，让部队能够腾出手来抓中心工作，集中精力练兵打仗。

第三节　规范视角：立法保障军人权益是军人权益保障规范体系化、科学化的必然结果

社会规范是指引人的行为、调整社会关系的标准、规则、准则的总称，是社会秩序的调节器和社会关系的润滑剂。规范的英文“norm”一词来源于拉丁文“norma”，其本义指木匠手中的“规尺”，后被引申为人的行为标准。这与中国古代孟子所言“不以规矩，不成方圆”蕴含的哲理是相通的，可谓异曲同工。在浩瀚的历史长河中，人类创造了丰富多彩的社会规范，包括风俗习惯、道德规范、宗教规范、政策规范、纪律规范、法律规范，等等。不同的规范在形成机理、调整对象、约束力大小方面存在着差异，从而决定了其功能和价值的差异。

军人权益保障工作涉及多个领域多种关系，同样需要规范予以调整。多年来，党、国家、军队和社会对军人权益保障工作高度重视，出台或形成了一系列规范，对于凝聚军心士气、促进国防和军队建设发挥了重要作用。至少有以下几种规范：一是有关军人地位和权益保障的道德规范。

道德是人们关于善与恶、正义与非正义、光荣与耻辱、公正与偏私等观念、原则和规范的总和。[①]比如“军人是最可爱的人”“一人当兵全家光荣”等口号在社会上广泛流传，家喻户晓，营造了拥军优属的良好氛围，对于提升军人社会地位、保障军人权益具有积极意义。但道德的调整手段是内在的、柔性的，建立在社会主体的伦理认同和道德评价基础之上，主要通过对人的内心信念和思想动机的正面引导或反面谴责来间接影响人的行为；而法律是直接面向人的行为，靠国家的强制力保证实施。正如马克思所言，行为是人同法律打交道的“唯一领域”。[②]二是关于保障军人权益的政策规范。政策是国家、政党等为了达到一定的目标而制定的行动方案或行动准则，通常以文件的方式呈现，在特定时期、特定范围和特定事项上适用，具有一定的号召力和约束力。在我国，有关军人权益保障的政策十分庞杂，包括党的号召性文件、各级政府及司法机关出台的有关拥军优属的文件、军队制定的权益保障文件，涉及军人优待抚恤、军人军属医疗保障、住房保障、涉军维权等多个方面，在实践中发挥了重要的引领作用和规范作用。但政策的适用范围较窄，其强制力和约束力不够，其落实效果往往千差万别。三是法律规范。应该说，在依法治国的大背景下，伴随着国家立法工作的繁荣，军事法制建设也加快了步伐，其中有关军人权益保障的条款日益增多。既有宪法这一国家根本大法的规定，又有《国防法》《兵役法》《国防动员法》《现役军官法》《英雄烈士保护法》《军人保险法》等法律，还有《军人抚恤优待条例》等军事行政法规。但总体而言，在军人地位和权益保障法出台之前，有关军人权益保障的法律总体比较分散，法律规范之间不成体系，法律内容比较原则，操作性、指引性不够，有的规定还滞后于经济社会发展。

综上，由于道德规范调整手段较软，政策规范调整对象受局限，原有的法律规范比较零散细碎，迫切需要一部管总的法律来转化道德规范、升

---

① 张文显：《法理学》，高等教育出版社 1999 年版，第 353 页。

② 马克思、恩格斯：《马克思恩格斯全集（第 1 卷）》，人民出版社 1961 年版，第 16—17 页。

华政策规范、整合法律规范。正是在此背景下,《军人地位和权益保障法》应运而生。

第四节　历史视角：立法保障军人权益是我党我军优良传统的赓续传承

历史是最好的教科书和营养剂,“不忘本来才能开辟未来,善于继承才能更好创新”。运用历史所蕴含的规律、经验、启示来开展工作是一种科学的工作方法。

注重保障军人地位和权益是党领导人民军队建设的重要历史经验、政治优势和优良传统,是人民军队从小到大、从弱到强、从胜利走向胜利的重要法宝。①在新民主主义革命时期,在敌强我弱、战事频繁、物资匮乏、保障困难的情况下,我们党发扬人民军队来自人民、为了人民、依靠人民的政治优势,善于运用法制手段破除军队的痼疾,创立形成一系列保障军人地位和权益的制度和做法,先后制定了《井冈山土地法》《中国工农红军优待条例》《红色战士伤亡抚恤条例》《关于制定、颁发红星奖章的命令》《关于拥护军队的决定》《拥军公约》《拥政爱民公约》等法律法规,充分保障军人的政治权益、物质权益、荣誉权益等,有力增强了军队的吸引力、凝聚力、战斗力,塑造了良好的军政军民关系,为人民军队成长壮大、赢得革命战争胜利奠定了重要基础。中华人民共和国成立后,中国人民解放军成为中国共产党领导下的国家武装力量,国家形势和军队的职能任务均发生历史性转变。国家逐步确立社会主义基本制度,全面开展社会主义建设,军队建设的社会政治环境发生了翻天覆地的变化,军人地位和权益保障成为国家军事制度的重要组成部分。先后制定了《革命烈士家属、革命军人家属优待暂行条例》《革命残废军人优待抚恤暂行条例》《革命军人

① 参见蔡向东:《保障军人地位和权益:党领导人民军队建设的重要历史经验——写在军人地位和权益保障法颁布施行之际》,《解放军报》2021 年 7 月 28 日。

牺牲、病故褒恤暂行条例》等抚恤优待法规，制定了《中国人民解放军薪金、津贴暂行办法》《中国人民解放军军官服役条例》，制定了《兵役法》，确立了军官薪金、休假、婚姻、家属随军、转业安置、退休安置制度和义务兵退伍安置等基本制度，建立健全了相关工作机构和机制。1955 年 2 月 8 日，第一届全国人大常委会第六次会议通过《中国人民解放军军官服役条例》，规定军官军衔制度，并专章规定“军官的权利和义务”。1955 年 7 月 30 日，第一届全国人大第二次会议通过《兵役法》，专章规定“现役军人和预备役军人的权利和义务”。特别是从 1955 年起军队实行薪金制、军衔制，确定了数十万以军事工作为职业的军官在服役中的待遇和地位，解决了军官个人和家庭的生活问题，为军队现代化、正规化建设提供了基础条件，也做到军人保障水平与国民经济和社会发展相适应。

改革开放和社会主义现代化建设时期，和平与发展成为时代主题，全党工作重点转移到社会主义现代化建设上来，军队在服从国家经济建设大局前提下进行军队革命化现代化正规化建设。从拨乱反正到依法治理，军人地位和权益保障面临新的机遇和挑战。在此期间，注重用改革的方式完善拓展军人的实体权益，并用法治的方式固定和规范军人权益保障。这一时期国家立法进程明显加快，初步建立了具有中国特色的军事法体系，军人地位和权益保障的法规制度框架初步形成。其中，包括制定《国防法》，修订《兵役法》，对军人的义务、权益和待遇等作出总体规定；制定《现役军官法》《军人保险法》《军人抚恤优待条例》《烈士褒扬条例》《关于军队干部退休的暂行规定》《军队转业干部安置暂行办法》《现役士兵服役条例》《退役士兵安置条例》等法律法规；制定了一系列军队建设管理法规，包括《中国人民解放军政治工作条例》《中国人民解放军纪律条令》《中国人民解放军内务条令》等，分别对军队内部民主制度、军人奖惩制度和军人的日常管理制度等作出规定，军人地位和权益保障的各主要方面初步做到有法可依。

党的十八大以后，党和国家更加重视军人权益保障工作。依法保障军人权益成为实现党在新时代的强军目标的重要支撑。完善军人权益保障的立法工作不仅继承了优良传统，而且顺应了时代需求。

第二部分：规范研究

——军人权益保障法律制度剖析

法律制度是权利从应然走向实然的桥梁，奠定了依法保障军人权益的规范基础；法律制度也是法学理论研究的源头活水，离开了对具体制度的分析，法学理论可能成为无本之木，脱离现实。近年来，军事立法欣欣向荣，其中不乏军人权益保障的法律制度。为了掌握军人权益保障法律的总体特征，揭示相关制度背后的规律，下文将从体系概览、重点解读、类型研究三个维度展开论述。

第四章　军人权益保障法律体系概览

在依法治国和依法治军战略指引下，军事法治建设取得了长足进步。特别是近年来军事立法呈现出兴盛之势，应改革之需立改废释，顺强军步伐建章立制，制定或修订了一大批军事法律。其中，涉及军人权益保障的法律规范日益完善，形成了上下贯通、左右衔接、统分结合的军人权益保障法律体系。值得重点关注的权益保障法律规范主要有《宪法》《国防法》《兵役法》《退役军人保障法》《军人地位和权益保障法》《军人保险法》《英雄烈士保护法》《军人抚恤优待条例》以及其他法律法规或规范性文件。其中，《宪法》相关条款是保障军人权益的根本依据，《国防法》作为军事“龙头法”对军人权益进行了概括规定，《兵役法》作为兵役基本法把军人权益保障作为重要内容，《军人地位和权益保障法》《退役军人保障法》则是军人权益保障的基础性、综合性、专门性规范，其他法律法规从不同侧面立起了保障军人权益的“四梁八柱”，与之伴随的大量规范性文件是保障军人权益落地生根的具体依据和操作规程。

全面梳理军人权益保障的法律体系，有利于我们系统把握军人权益保障的立法现状和来龙去脉，进而从国家法治建设全局思考军人权益保障立法的顶层设计和所处位置，从国防和军队建设层面考察军人权益保障立法的价值和功能，从实在法层面折射军人权益保障立法理念的进步及不足。

第一节 根本大法的基础规范

宪法是国家的根本大法，是治国安邦的总章程，具有最高的法律地位、法律权威和法律效力，具有根本性、全局性、稳定性和长期性。宪法是母法，是制定其他法律的基本依据，一切法律法规都不得与宪法相抵触；宪法是根本准则，全国各族人民、一切国家机关和武装力量、各政党和各社会团体、各企业事业组织等，都必须以宪法为根本遵循，并且负有维护宪法尊严、保证宪法实施的职责义务。宪法中有关军人地位和权益保障的规定尽管条文有限、字数不多，但其分量很足，影响深远。

我国宪法关于军人地位和权益保障的条款主要有三条，分别是第二十九条、四十五条和五十五条，体现出三个方面的立法意旨：一是通过规定武装力量的性质和任务，为确立军人法律地位奠定基础；二是在规定公民社会保障权利时突出了军人军属权利的保障；三是将公民服兵役的义务定性为"光荣的义务"，让兵役义务闪耀着荣誉的光芒。

《宪法》第二十九条规定了武装力量的性质和任务，是确立军人地位的基本依据。该条规定"中华人民共和国的武装力量属于人民。它的任务是巩固国防，抵抗侵略，保卫祖国，保卫人民的和平劳动，参加国家建设事业，努力为人民服务。国家加强武装力量的革命化、现代化、正规化建设，增强国防力量"。该条规定我国武装力量的性质和任务，是确定军人地位的根本依据。我国的武装力量产生于人民、服务于人民，是为人民利益而存在和战斗的军事力量。作为人民的武装力量，其任务主要体现在两个方面：一是巩固国防，抵抗侵略，保卫祖国，保卫人民的和平劳动；二是参加国家和社会建设事业，全心全意为人民服务。

《宪法》第四十五条在规定公民社会保障权利时，突出了对军人军属的权利保障。第四十五条共有三款，第一款规定了公民具有获得物质帮助的权利，明确当公民具有年老、疾病或丧失劳动能力三种情形之一的，就有权从国家和社会获得物质帮助。第三款是对残疾公民的特殊保障，规定国家和社会帮助安排残疾公民的劳动、生活和教育。第二款单独将军人军属罗列出来，突出强调了三类保障对象，即残废军人、烈士家属和军人家属。规定："国家和社会保障残废军人的生活，抚恤烈士家属，优待军人家属。"这一规定体现了国家和社会对军人职业的尊崇、对军人奉献的肯定、对军人军属权益的特殊保障。

《宪法》第五十五条第二款规定："依照法律服兵役和参加民兵组织是中华人民共和国公民的光荣义务。"与第一款的神圣职责相呼应。在义务前面加上"光荣"一词，为兵役戴上了荣誉的"光环"。宪法规定的公民基本义务还包括维护国家统一和民族团结的义务、遵纪守法的义务和纳税的义务等，为何唯独在兵役前面冠以"光荣"之誉？宪法之所以如此差别规定，并非要否定其他义务的"光荣性"，而是要强调保家卫国职责的神圣性和军人职业的特殊性。服兵役的光荣性主要体现在以下方面：一是觉悟光荣。当兵意味着奉献、意味着牺牲，随时要准备为祖国和人民抛头颅、洒热血。按照《中国人民解放军内务条令》规定，公民入伍后，必须进行军人宣誓，以强化军人对自己肩负的神圣职责和光荣使命的承诺和保证。宣誓的内容为："服从中国共产党的领导，全心全意为人民服务，服从命令，忠于职守，严守纪律，保守秘密，英勇顽强，不怕牺牲，苦练杀敌本领，时刻准备战斗，绝不叛离军队，誓死保卫祖国。"不怕牺牲、誓死卫国的精神当然是无上光荣的。二是条件光荣。征兵要履行严格的筛选程序，只有思想政治条件、身体条件、文化条件等符合基本要求的才能参军入伍。按照规定，依法被剥夺政治权利的人不得服兵役，身体条件不适合的免服兵役。

除此之外，军人作为穿着军装的公民，也享有普通公民所享有的基本权利（规定在宪法第二章），包括公民资格及其平等权、参选权、基本政治自由、人身自由、人格尊严权、社会保障权等。非经法定事由和法定程序，前述权利不得克减或剥夺。

第二节 “军事龙头法”的概括规定

国防法是我国关于调整国防领域内各种社会关系的法律规范，是我国国防和军队建设领域的基本法、“龙头法”，在军事法体系中居于统领和核心地位。国防法自 1997 年 3 月 14 日经第八届全国人大第五次会议首次通过，并随着世情、国情和军情的变化进行了内容修改，其中 2009 年进行了局部修正，2020 年进行了全面修订。最新的修订由第十三届全国人大常委会第二十四次会议于 2020 年 12 月 26 日通过，自 2021 年 1 月 1 日起施行。修订后的国防法共十二章，七十三条，重点对国家机构的国防职权、武装力量、边海空防和其他重大安全领域防卫、国防科研生产和军事采购、国防经费和国防资产、国防教育、国防动员和战争状态、公民、组织的国防义务和权利、军人的义务和权益、对外军事关系等作出了规范。本次修改的主要内容有：确立了习近平新时代中国特色社会主义思想在国防活动中的指导地位；结合党和国家机构改革、国防和军队改革实际，调整了国家机构的国防职权，增加了军委主席负责制的内容；充实了武装力量的任务和建设目标；着眼新型安全领域活动和利益的防卫需要，明确了重大安全领域防卫政策；根据国防教育和国防动员领导管理体制改革实际，充实完善了国防教育和国防动员制度；着眼“使军人成为全社会尊崇的职业”，强化了对军人地位和权益的保护；贯彻总体国家安全观和习近平外交思想，充实了对外军事关系方面的政策制度。①

2020 年修订的国防法一大亮点就是突出和强化了军人地位和权益保障，主要体现在总则第八条和分则第十章。国防法在总则的第八条规定了拥军优属的原则，明确“国家和社会尊重、优待军人，保障军人的地位和合法权益，开展各种形式的拥军优属活动，让军人成为全社会尊崇的职

---

① 刘硕：《我国国防法修订，这些内容有修改》，国防部网，http://www.mod.gov.cn/topnews/2020-12/26/content_4876046.htm，2020 年 12 月 26 日。

业”。该条将“让军人成为全社会尊崇的职业”写进了法律，将党的政策转化成了国家的意志，具有标志意义。

国防法第十章规定了军人的义务和权益，其中三条为义务，五条为权益。权益主要有五大项，一是规定了荣誉表彰制度，明确军人应当受到全社会的尊崇，国家建立军人功勋荣誉制度，采取有效措施保护军人的荣誉、人格尊严，依照法律规定对军人的婚姻实行特别保护，军人依法履行职责的行为受法律保护。还规定了退役军人保障制度，抚恤优待残疾军人，优待军人家属和烈士家属。二是规定优待军人制度。明确国家和社会优待军人。国家建立与军事职业相适应、与国民经济发展相协调的军人待遇保障制度。三是规定了退役军人保障制度，妥善安置退役军人，维护退役军人的合法权益。四是规定了抚恤优待残疾军人制度，对残疾军人的生活和医疗依法给予特别保障。五是规定优待军人家属和烈士家属，将军人权益保障延伸到军人家属，惠及军人的“后院”“后代”。

第三节　兵役基本法的权益保障制度

兵役法是我国关于调整兵役活动中所产生的各种社会关系的法律规范，属于军事法体系中重要的基础性法律，在公民入伍的关口就公示了权利义务标准，在“兵之初”就倡导权利义务一致的理念。兵役法由第六届全国人民代表大会第二次会议于 1984 年 5 月 31 日通过，后来进行了四次修改，其中 1998 年、2009 年、2011 年进行了三次局部修正，2021 年作了全面修订。现行兵役法共十一章六十五条，主要规定了兵役登记、平时征集、士兵及军官的现役和预备役、军队院校招收青年学员、战时兵员动员、服役待遇和抚恤优待、退役军人安置、法律责任等内容。其中，涉及军人地位和权益保障的内容主要规定在总则、第八章和第九章。

兵役法总则的第七条概括规定了军人和预备役人员的权利和义务，明确军人和预备役人员必须遵守宪法和法律，履行公民的义务，享有公民的权利，肯定了军人及预备役人员的公民身份，以法律的方式宣告“军人是穿着军装的公民”。同时该条还以援引的方式规定了军人的特殊权利义务，明确“由于服兵役而产生的权利和义务，由本法和其他相关法律法规规定”。

兵役法第八章用五个条文规定了军人待遇保障、预备役人员待遇保障、军人优待政策、义务兵家庭优待金制度和预备役人员抚恤优待制度。《兵役法》第四十七条以提纲挈领的方式规定了军人待遇保障制度，明确“国家保障军人享有符合军事职业特点、与其履行职责相适应的工资、津贴、住房、医疗、保险、休假、疗养等待遇”，要求军人的待遇应当与国民经济相协调、与社会进步相适应，这与《军人地位和权益保障法》的规定遥相呼应，实现了法律制度之间的互相融合。

兵役法第九章系统规范了退役军人安置问题，与《退役军人保障法》相互衔接。根据军人类型或情形的不同，规定了差异化的安置方式。其中，对退出现役的义务兵，国家采取自主就业、安排工作、供养等方式妥善安置。对退出现役的军士，国家采取逐月领取退役金、自主就业、安排工作、退休、供养等方式妥善处置。对退出现役的军官，国家采取退休、转业、逐月领取退役金、复员等方式妥善安置。对于残疾军人、患慢性病的军人退出现役后，由安置地的县级以上地方人民政府按照国务院、中央军事委员会的有关规定负责接收安置，患过慢性病旧病复发需要治疗的，由当地医疗机构负责给予治疗，所需医疗和生活费用，本人经济困难的，按照国家规定给予补助。

第四节　军人权益保障专门法的综合设计

《退役军人保障法》和《军人地位和权益保障法》是保障军人权益的专门性法律、骨干性法律，在军人权益保障法律体系中具有举足轻重的作用。

一、《退役军人保障法》精髓要义

退役军人保障法是我国规范退役军人保障工作的基本法律，是维护退役军人合法权益的专门法律。退役军人保障法于2020年11月11日由第十三届全国人大常委会第二十三次会议通过，自2021年1月1日施行。该法共十章，八十五条，分为总则、移交接收、退役安置、教育培训、就业创业、抚恤优待、褒扬激励、服务管理、法律责任、附则等内容。

退役军人保障法规定的主要内容有：一是从工作角度确立了退役军人保障工作的方针、原则。明确“退役军人保障工作坚持中国共产党的领导，坚持为经济社会发展服务、为国防和军队建设服务的方针，遵循以人为本、分类保障、服务优先、依法管理的原则”。二是从权益保障角度确立了退役军人保障的原则，即“退役军人保障应当与经济发展相协调，与社会进步相适应。退役军人安置工作应当公开、公平、公正。退役军人的政治、生活等待遇与其服役期间所作贡献挂钩”。三是明确了退役军人保障工作的主管部门及职责分工。规定国务院退役军人主管部门负责全国的退役军人保障工作。县级以上地方人民政府退役军人工作主管部门负责本行政区域的退役军人保障工作。中央和国家有关机关、中央军事委员会有关部门、地方各级有关机关各负其责，军队有关部门与县级以上人民政府退役军人工作主管部门之间密切配合。四是确立了经费负担规则。明确退役军人保障工作所需经费由中央和地方财政共同负担。退役安置、教育培训、抚恤优待资金主要由中央财政负担。五是明确了移交接收工作规则，具体包括制定年度计划、移交地点及时间、优待证办理、人事档案管理、户口登记、保险转移接续、矛盾问题处理等。六是明确了退役安置的方式、程序、条件等事项。七是规定了退役军人教育培训事项。八是规定了退役军人就业创业制度，确立了国家鼓励扶持退役军人就业创业的原则，细化了不同类型的优惠优待政策。九是建立了抚恤优待制度。

确立了普惠与优待叠加原则，要求建立统筹平衡的抚恤优待量化标准体系，分类规定了社会保险待遇、安置住房优待、就医优待、公共交通、文化及旅游优待、帮扶援助、残疾抚恤等制度机制。十是规定了褒扬激励制度。包括荣誉激励、退役接收迎接仪式、悬挂光荣牌、受邀参加重大庆典活动、先进事迹宣传、地方志编录、烈士纪念设施建设等。十一是建立了服务管理工作制度。十二是明确了法律责任。从退役军人工作机构及其工作人员和退役军人两个层面规定了不同的法律责任。

二、《军人地位和权益保障法》提要

《军人地位和权益保障法》是明确军人地位和保障军人权益的基础性、综合性法律，是我国军人权益保障法律体系的集大成者。该法于2021年6月10日由第十三届全国人大常委会第二十九次会议通过，自2021年8月1日起施行。

《军人地位和权益保障法》共七章，七十一条，包括总则、军人地位、荣誉维护、待遇保障、抚恤优待、法律责任和附则等。主要内容有：一是明确军人地位和权益保障的方针原则、体制机制等；二是从法律上对军人地位作出规定；三是规范军人荣誉维护制度；四是规范军人生活待遇保障和家庭基本权益保障的基本制度；五是完善军人抚恤优待制度；六是建立法律责任追究机制。

由于该法的综合性、基础性特征，在军人权益保障领域具有特殊的地位。下文将专门对其进行要点研析。

第五节　军人专项权益的特别保护

军人权益分为多种类型，有的权益已被法律法规进行专项保护，包括军人保险权益、荣誉权益以及抚恤优待权益等，主要有《军人保险法》《英雄烈士保护法》《军人抚恤优待条例》等。

一、《军人保险法》的精髓要义

《军人保险法》是我国关于规范和指导军人保险工作的基本法律，是调整军人保险关系、保障军人保险权益的专门性法律。军人保险法于2012年4月27日由第十一届全国人民代表大会常务委员会第二十六次会议通过，自2012年7月1日起施行。该法共九章五十一条，分为总则、军人伤亡保险、退役养老保险、退役医疗保险、随军未就业的军人配偶保险、军人保险基金、保险经办与监督、法律责任等内容。

该法的主要内容有：一是明确了军人保险制度的基本原则。规定国家建立军人保险制度，军人保险制度应当体现军人职业特点，与社会保险制度相衔接，与经济社会发展水平相适应。国家促进军人保险事业的发展，为军人保险提供财政拨款和政策支持。二是明确了保险机构的职责分工。中国人民解放军军人保险主管部门负责全军的军人保险工作，国务院社会保险行政部门、财政部门和军队其他有关部门在各自职责范围内负责有关的军人保险工作，军队后勤（联勤）机关财务部门负责承办军人保险登记、个人权益记录、军人保险待遇支付等工作。军队后勤（联勤）机关财务部门和地方社会保险经办机构，按照各自职责办理军人保险与社会保险关系转移接续手续。三是明确了军人保险权利的权能。明确军人依法参加军人保险并享受相应的保险待遇，军人有权查询、核对个人缴费记录和个人权益记录，要求保险职能机构依法办理养老、医疗等保险关系转移接续手续，提供军人保险和社会保险咨询等相关服务。四是分类规定了军人保险具体权益，包括军人伤亡保险、退役养老保险、退役医疗保险、随军未就业的军人配偶保险。五是规定军人保险基金管理制度，就账户的建立、费用的缴纳、基金的管理等事项进行了规范。六是明确了军人保险经办与监督制度，就开展军人保险工作常见的问题进行了规范。七是明确了法律责任，旗帜鲜明地打击军人保险领域的违纪违法乃至犯罪行为。

二、《英雄烈士保护法》的精髓要义

2018年4月27日，第十三届全国人民代表大会常务委员会第二次会议全票通过了《英雄烈士保护法》，自2018年5月1日起施行。该法共三十条，短小精悍，意义重大，颁布后产生了良好的政治效果、法律效果和社会效果。该法旗帜鲜明地宣示了立法目的："为了加强对英雄烈士的保护，维护社会公共利益，传承和弘扬英雄烈士精神、爱国主义精神，培育和践行社会主义核心价值观，激发实现中华民族伟大复兴中国梦的强大精神力量。"该法充分肯定了英雄烈士为国家、人民和民族作出的牺牲和贡献，高度评价了英雄烈士事迹和精神的时代价值，明确提出要维护英雄烈士尊严和合法权益。规定了各级人民政府和军队有关部门做好英烈保护工作的职权职责。规定每年9月30日为烈士纪念日，国家在天安门广场人民英雄纪念碑前举行纪念仪式，缅怀英雄烈士；县级以上地方人民政府、军队有关部门应当在烈士纪念日举行纪念活动。明确了英雄烈士纪念设施保护规则和纪念活动组织形式。明确禁止歪曲、丑化、亵渎、否定英雄烈士事迹和精神，严厉打击侵害英雄烈士的姓名、肖像、名誉、荣誉等行为。为了维护英雄烈士的尊严和合法权益，该法规定了民事制裁、行政制裁、刑事制裁和军事检察公益诉讼等救济手段。

该法所保护的英雄烈士，包括近代以来为国家、民族和人民作出牺牲和贡献的英烈先驱和革命先行者，重点是中国共产党、人民军队和中华人民共和国历史上涌现的无数英烈，其中既包括个人也包括群体，既包括有名英烈也包括无数无名英烈。需要说明的是，该法保护的英烈都是已经牺牲、去世的，健在的英雄模范人物精神虽与该法所保护的英烈精神一脉相承，但对他们的褒扬和保护，适用国家勋章和国家荣誉称号法等法律法规，不适用本法。①

---

① 王思丝：《崇尚捍卫英雄烈士传承英雄烈士精神——解读〈中华人民共和国英雄烈士保护法〉》，中国人大网，http://www.npc.gov.cn/2grdw/npc.lxinwen/2018-05/22/content_2054986.htm。

三、《军人抚恤优待条例》的精髓要义

《军人抚恤优待条例》是国务院和中央军委共同制定的军事行政法规，是规范军人抚恤优待工作的基本依据。条例于 2014 年 8 月 1 日公布，并于 2011 年和 2019 年进行了两次修订。

《军人抚恤优待条例》共六章，五十四条，包括总则、死亡抚恤、残疾抚恤、优待、法律责任和附则等。主要内容有：一是明确了抚恤优待的对象，包括现役军人、服现役或者退出现役的残疾军人以及复员军人、退伍军人、烈士遗属、因公牺牲军人遗属、病故军人遗属、现役军人家属。二是确立了军人抚恤优待工作的方针原则，实行国家和社会相结合的方针，保障军人的抚恤优待与国民经济和社会发展相适应，保障抚恤优待对象的生活不低于当地的平均生活水平。三是明确了保障经费负担规则。规定军人抚恤优待所需经费由国务院和地方各级人民政府分级负担。中央和地方财政安排的军人抚恤优待经费，专款专用，并接受财政、审计部门的监督。四是明确了工作机构及其职权职责。国务院退役军人事务部门主管全国的军人抚恤优待工作；县级以上地方人民政府退役军人事务部门主管本行政区域内的军人抚恤优待工作。国家机关、社会团体、企业事业单位应当依法履行各自的军人抚恤优待责任和义务。五是明确了死亡抚恤的实体条件和程序规则。六是明确了残疾抚恤的实体条件和程序规则。七是详细规定了优待的条件及程序。八是明确了法律责任，包括纪律责任、赔偿责任、刑事责任等。

第六节　其他规范的补充或细化规定

除了前述的法律法规之外，还有一些涉及军人权益保障的制度散见在多部法律法规之中，对保障权益起到补充或细化的作用。

一是涉及兵役制度和人力资源服务管理方面的法律法规或规范性文

件。主要有:《国防动员法》《现役军官法》《预备役军官法》《现役军官管理暂行条例》《中国人民解放军内务条令》《中国人民解放军纪律条令》《退役士兵安置条例》《关于进一步加强由政府安排工作退役士兵就业安置工作的意见》《关于进一步规范退役士兵移交安置工作有关具体问题的通知》,等等。

二是涉及荣誉维护的法律法规或规范性文件。主要有:《国家勋章和国家荣誉称号法》《军队功勋荣誉表彰条例》《烈士褒扬条例》《烈士评定(批准)档案管理办法》《为烈属、军属和退役军人等家庭悬挂光荣牌工作实施办法》,等等。

三是关于军人待遇保障方面的法律法规或规范性文件。主要有:《军人及军队相关人员医疗待遇保障暂行规定》《关于明确军队安置住房面积标准及有关问题的通知》《军队安置住房统建试点项目住房配售指导意见》《部队人员生活待遇经费保障服务规范》《军队离休退休干部服务管理机构工作指引》,等等。

四是关于抚恤优待方面的法律法规或规范性文件。除了前述的《军人抚恤优待条例》之外,还有:《伤残抚恤管理办法》《军人残疾等级评定标准》《残疾退役军人医疗保障办法》《军人随军家属就业安置办法》《关于进一步做好军人随军家属就业安置工作的通知》《优抚对象补助经费管理办法》《优抚对象医疗保障经费管理办法》《退役军人事务部等 20 部门关于加强军人军属、退役军人和其他优抚对象优待工作的意见》,等等。

五是关于退役保障方面的法律法规或规范性文件。除了前述的《退役军人保障法》之外,还有:《关于进一步规范带病回乡退伍军人认定有关问题的通知》《关于加强困难退役军人帮扶援助工作的意见》《关于军人退役基本养老保险关系转移接续有关问题的通知》《伤病残士兵退役交接安置工作规程》《关于全面做好退役士兵职业教育工作的通知》《关于促进新时代退役军人就业创业工作的意见》《关于进一步扶持自主就业退役士兵创业就业有关税收政策的通知》《教育部办公厅关于进一步做好高职学校退役军人学生招收、培养与管理工作的通知》，等等。

六是关于军人权益救济的法律法规或规范性文件。主要有：《民事诉讼法》《行政诉讼法》《刑事诉讼法》《中央政法委和军委政法委关于新时代维护国防利益和军人军属合法权益的意见》《最高人民法院关于军事法院管辖民事案件若干问题的规定》《国务院　中央军委关于进一步加强军人军属法律援助工作的意见》《最高人民法院关于进一步加强人民法院涉军案件审判工作的通知》《最高人民法院关于进一步发挥职能作用维护国防利益和军人军属合法权益的意见》《关于加强军地检察机关公益诉讼协作工作的意见》，等等。

另外，各省、自治区和直辖市还结合当地实际，制定了一些保护军人权益的地方法规或规章，对于开展军人权益保障工作同样具有重要意义。

第五章 《军人地位和权益保障法》要点研析

《军人地位和权益保障法》是系统规范军人地位和权益保障的基础性、综合性、开创性法律，其立法过程艰辛，文本内容独特且科学，功能强大，意义深远，在法治国家和法治军队建设征程中立下了一座闪亮的丰碑。因此，有必要对其进行专项研究和重点研析，以学习其立法精神，理解其逻辑结构，掌握其主要内容，领悟其深远意义，进而增强学习贯彻的自觉性和坚定性。

第一节 立法过程回顾

回顾立法过程有利于了解立法背景、领悟法律精神。《军人地位和权益保障法》的制定过程，坚持党的领导，统筹多种力量，汇集军心民意，形成集体智慧，最终打造了一部法律精品。

一、党中央和习主席的决策部署指引航向

党的十九大报告提出，“维护军人军属合法权益，让军人成为全社会尊崇的职业”。2014 年 10 月，习主席在全军政治工作会议上提出，“要注重发挥政策制度的调节作用，增强军事职业吸引力和军人使命感、荣誉感”。2014 年底，习主席在军队一次重要会议讲话中，明确要求“抓紧制定完善军人法律地位和权益保障方面的法规制度”。2015 年 11 月 24

日，习主席在中央军委改革工作会议上的讲话中强调，“推进军官、士兵、文职人员等制度改革，深化军人医疗、保险、住房保障、工资福利等制度改革，完善军事人力资源政策制度和后勤政策制度，建立体现军事职业特点、增强军人职业荣誉感自豪感的政策制度体系，以更好凝聚军心、稳定部队、鼓舞士气”。2018 年 11 月 13 日，习主席在中央军委政策制度改革工作会议上，强调指出“重塑军事力量建设政策制度，加强军事人力资源制度体系设计，建立军官职业化制度，优化军人待遇保障制度，构建完善军人荣誉体系……更好解放和发展战斗力”。习主席多次强调，“国防和军队建设是全党全军全国各族人民的共同事业，中央和国家机关、地方各级党委和政府要大力支持国防和军队建设，做好退役军人安置、伤病残军人移交、随军家属就业、军人子女入学等工作，共同把强军事业推向前进”。习主席一系列重要论述，深刻阐明了新时代军人地位和权益保障的重要意义、方针原则、目标任务以及需要解决的重难点问题和主体责任，为军人地位和权益保障的立法工作指明了方向路径，提供了根本遵循。[①]

二、军委机关拟制草案打好“前站”

法律草案是有关立法的倡议列入议事日程后，提交立法机关审议和表决的法律原型。2019 年 1 月，根据军事政策制度改革部署安排，中央军委政治工作部成立专门工作班子，全面展开《军人地位和权益保障法》研究起草工作。草案起草主要做了以下工作：一是组织专题研究。深入学习领会习主席一系列重要指示精神，掌握立法思想武器；系统梳理党、国家和军队现行法规政策，深入研究历史文献资料，切实搞清相关制度的历史传承和发展脉络，并组织研究外军立法情况。二是深入调研论证。赴 6 省 11 市军地单位进行座谈调研和问卷调查，司法部领导带队到军地开展立法调研；组织各行业领域进行“军人职业社会尊崇度调查”，形成综

① 蔡向东：《保障军人地位和权益：党领导人民军队建设的重要历史经验——写在军人地位和权益保障法颁布施行之际》，《解放军报》2021 年 7 月 28 日。

合报告和数据图表;多次听取中央和国家机关有关部门、军委机关有关部门的立法建议和需求。三是广泛征求意见。先后两次书面征求中央和国家机关部门、军委机关部门和大单位意见,与有关部门就分歧意见反复沟通协商,与中央组织部、中央宣传部、教育部、财政部等9个部门就有关问题进行集中会商。其间,中央军委改革和编制办公室组织了立法评估,司法部牵头召开法律专家座谈会进行论证咨询。①在全国人大常委会法制工作委员会、司法部的指导下,在中央军委办公厅、改革和编制办公室等军地有关部门的大力支持下,工作专班形成了军人地位和权益保障法草案。2020年11月,草案经国务院常务会议、中央军委常务会议讨论通过。2020年12月22日在第十三届全国人民代表大会常务委员会第二十四次会议上,中央军委委员、中央军委政治工作部主任苗华对草案作了说明,并提请审议。

三、立法机关科学审议民主立法

2020年12月至2021年6月,全国人大常委会对《军人地位和权益保障法》(草案)进行了三次审议,审议期间注重调查研究、发扬民主,不断修改完善草案。

初次审议之后,全国人大常委会法工委将草案印发各省(区、市)、部分基层立法联系点和中央有关单位征求意见,在中国人大网公布草案全文,征求社会公众意见。宪法和法律委员会、法制工作委员会还委托四川、福建、青海、山西、吉林、湖南六省人大常委会到北京、江西、福建实地调研,并通过远程视频连线西藏、新疆、黑龙江艰苦边远地区一线部队官兵开展调研,听取全国人大代表、军队和地方有关部门、军人军属代表等方面的意见,对初审稿作了以下修改:增加“军人地位”一章,增设保障工

① 苗华:《关于〈中华人民共和国军人地位和权益保障法(草案)〉的说明——2020年12月22日在第十三届全国人民代表大会常务委员会第二十四次会议上》,《中华人民共和国全国人民代表大会常务委员会公报》,2021年7月15日。

作体制及有关职责分工、保障经费负担机制、社会力量提供支持机制、军人军属探亲休假制度、女军人特殊权益保障制度，完善了荣誉激励制度和礼遇制度等。[①]二次审议后，法制工作委员会在中国人大网及时公布二次审议稿全文，征求社会公众意见；宪法和法律委员会专程到江苏开展实地调研，听取全国人大代表、地方有关部门、军队等方面的意见；组织召开中央有关部门座谈会，进一步听取意见建议，就草案主要问题与有关部门交换意见，共同研究。在草案经过两次审议修改的基础上，再次作了补充完善。

2021 年 6 月 8 日，全国人大常委会对《军人地位和权益保障法》（草案）三次审议稿进行分组审议，在普遍认为草案比较成熟、可行的基础上，再次作了两处修改：一是完善了随军家属落户的规定，增设“地方人民政府有关部门、军队有关单位应当及时高效地为军人家属随军落户办理相关手续”，回应了实践中随军家属落户手续办理中的现实困难。二是拓展了烈士子女和符合规定条件军人子女的学生资助政策，在免除有关费用的基础上，增加了享受奖学金、助学金等内容。2021 年 6 月 10 日，第十三届全国人大常委会第二十九次会议表决通过了成熟的草案，《军人地位和权益保障法》正式问世，并于 2021 年 8 月 1 日起施行。

第二节　特色亮点研究

《军人地位和权益保障法》问世之后，受到了广泛的赞誉，也得到权威部门及专家的全面解读，其中包括对该法特色亮点的阐释。比如，起草组专家、国防大学联合勤务学院教授郝万禄指出，《军人地位和权益保障法》主要有“十大”创新亮点。“这些亮点可从两个层面来看，首先是统领性的创新，体现在 5 个明确规范：第一是明确规范让军人成为全社会尊崇的职

① 刘季幸：《关于〈中华人民共和国军人地位和权益保障法（草案）〉修改情况的汇报——2021 年 4 月 26 日在第十三届全国人民代表大会常务委员会第二十八次会议上》，《中华人民共和国全国人民代表大会常务委员会公报》，2021 年 7 月 15 日。

业这个目标主线，第二是明确规范有序运行的体制机制，第三是明确规范军人地位和权益保障服务备战打仗的激励机制，第四是明确规范保障军人家庭权益就是保障部队战斗力的基本制度，第五是明确规范全社会力量参与保障的鼓励和引导机制。其次，从地位和权益体系层面来看，也有5个方面的创新。体现在5个首次：第一是首次以国家法律形式明确军人地位的基本构成和本质内涵，第二是首次从国家立法层面构建军人特定权益保障体系，第三是首次系统构建基于尊崇地位的军人荣誉维护制度，第四是首次系统规范具有比较优势的军人待遇保障制度，第五是首次全面规范由解困救济型向褒扬激励型转变的抚恤优待制度。”①

郝万禄教授对该法亮点的概括十分全面，在此基础上，笔者再从法学视角探讨一下《军人地位和权益保障法》的法律特色。

一、从国家法律体系看，《军人地位和权益保障法》开创了人员地位立法之先河

我国有许多关于特定人员权益保障的法律，比如《妇女权益保障法》《老年人权益保障法》《未成年人保护法》《消费者权益保护法》等，但都没将人员地位作为权益保障的逻辑基础。我国还有许多关于公职人员的立法，比如《公务员法》《法官法》《检察官法》《监察官法》，虽然规定了相关人员的职责、义务和权利，但都没有人员“地位”的专门章节。《军人地位和权益保障法》在我国立法史上首次对人员地位作出规范，在中国法治建设征程中具有重要的开创意义。

二、从军事法角度看，《军人地位和权益保障法》是一部权利本位之法，平衡了军事法体系的权利义务关系

在传统的军事法体系中，义务性规范多，权利性规范少，可以说是以义务为本位的法律体系。《军人地位和权益保障法》和《退役军人保障法》

① 廖振华、郝铮、王磊：《专家解读〈军人地位和权益保障法〉》，央广网，https://www.sohu.com/a/471854334_362042，2021年6月12日。

是两部以权利为本位的法律，这两部法律的问世从总体上平衡了军人的权利义务关系，促进了公平正义，增强了军事法体系的科学性，达到了军事良法的境界。

三、从军人权益保障法律角度看，《军人地位和权益保障法》是第一部全面系统规范军人权益的法律，形成了军人权益保障法律体系的闭合链路

在此之前，涉及军人权益保障的法律规范总体比较零散、不成体系，缺乏“管总”的法律。从军人职业生涯来看，有关军人权益保障的法律规范中，《兵役法》把住了军人的“入口”，是“进门”之法；《退役军人保障法》管住了军人的“出口”，是“后路”之法；《军人地位和权益保障法》则承前启后，管住全程，形成了军人权益保障的闭环。从这个意义上讲，《军人地位和权益保障法》作为军人权益保障法律规范的集大成者，具有里程碑意义，标志着军人权益保障法律体系的初步建成。

第三节　逻辑结构分析

《军人地位和权益保障法》按照“管总”的法律定位，围绕“让军人成为全社会尊崇的职业”这一主题进行谋篇布局，以确立军人地位作为逻辑起点，以保障军人权益作为逻辑主线，形成了“军人地位—军人权益及其保障—军人权益救济”的逻辑链路，以总分结构设计制度规范，系统回答了为何保障军人权益、谁来保障军人权益、保障军人什么权益、如何保障军人权益等问题。①

《军人地位和权益保障法》共七章七十一条，包括总则、军人地位、荣誉维护、待遇保障、抚恤优待、法律责任和附则。“总则”主要规范了军人

① 郝万禄：《军人地位和权益保障法解读——依法拥军尊崇最可爱的人》，《中国青年报》2021年7月29日。

地位和权益保障的基本问题，阐明了立法目的和依据，界定了军人的范围，明确了军人的职责和使命，宣示了军人是全社会尊崇的职业，强调了保障军人地位和权益是全社会的责任，规定了军人地位和权益保障工作的基本原则，建立了纵向到底、横向到边的权益保障机构及工作机制，明确了保障工作经费预算规则，建立了保障工作的考核评价、表彰奖励机制等。

“军人地位”一章突出军人职业属性和政治属性，规定军人是中国共产党领导的国家武装力量基本成员，是人民子弟兵，是捍卫国家主权、统一、领土完整的坚强力量，是中国特色社会主义现代化建设的重要力量，并相应规定军人担负的职责使命。以权利义务相统一的思路，对军人政治权利、军内民主权利、军人履职保障、作风纪律要求等作出明确。进而形成了军人因履行职责而享有特定权益、承担特定义务的法律地位。

“荣誉维护”一章回答了军人荣誉的内涵、获得渠道、培育模式、礼遇待遇和仪式，以及荣誉名誉保护等问题。一是首次以法律形式明确军人荣誉的内涵，规定国家、社会和军队在军人荣誉的培育、学习和宣传方面的责任。二是明确国家建立军人荣誉体系，规定军人获得功勋荣誉表彰、接受地方和国外给予的荣誉等基本制度。三是明确军人获得荣誉享受相应礼遇和待遇，规定军人荣誉记载、英雄烈士褒扬纪念、军人公墓等荣誉传承制度，规范军人礼遇仪式、走访慰问、悬挂光荣牌、送喜报等彰显尊崇的具体措施。四是突出依法保护军人荣誉和名誉，明确相关保护和禁止性规定。①

“待遇保障”一章以保证军人履行职责使命，保障军人及其家庭的生活水平作为立法目的，规范了军人待遇保障制度。一是规定军人服役应享受的基本生活待遇，包括建立相对独立、特色鲜明、具有比较优势的军

① 张科进:《让军人成为全社会尊崇的职业的法治保障——中央军委政治工作部负责人就〈中华人民共和国军人地位和权益保障法〉答记者问》，国防部网，http://www.mod.gov.cn/topnews/2021-06/12/content_4887277.htm。

人工资待遇制度和正常增资机制，建立军队保障、政府保障与市场配置相结合、实物保障与货币补贴相结合的住房保障制度，建立军人免费医疗和疾病预防、疗养、康复待遇制度，实行体现军人职业特点、与社会保险制度相衔接的军人保险制度，规范了军人休假探亲制度、教育培训制度、女军人权益保护等方面的保障责任和基本制度；二是将军人家庭的基本权益保障确定为国家责任，明确军人的婚姻保护、家属随军落户、配偶探亲、户籍权益维护等方面的基本制度；三是原则规定依法退出现役的军人由国家给予妥善安置和相应优待保障，与退役军人保障法相衔接。

“抚恤优待”一章着眼增强抚恤优待对军人的激励功能，系统规范了军人抚恤优待制度。一是充实完善军人军属优待制度。将近年来党和国家关于加强抚恤优待工作的一系列改革举措转化为法律规范，调整优化军人军属在住房、医疗、就业安置、子女教育、养老照护、交通出行、司法服务等方面的优待政策，明确军人家属凭证享受优待保障；回应广大官兵关切，对配偶就业安置、子女教育优待作了重点规范，确保有关优待政策有效落实。二是突出对烈士遗属的抚恤优待。在全面规范各类优抚对象享受相关政策的基础上，对烈士遗属的抚恤、就业安置和子女教育等给予重点倾斜，作了专门规定，让烈士及其遗属切实受到全社会的尊崇。三是明确军人家庭帮扶援助机制。规定地方政府和军队单位对日常生活遇到困难的军人家庭给予帮扶，鼓励、支持各类组织和个人为困难军人家庭提供援助服务，帮助解决官兵的后顾之忧，让他们能够安心练兵备战。

“法律责任”一章遵循法律义务与法律责任相衔接的原则，以提升法律的权威性、强制力为出发点，系统规定了军人地位和权益保障的违法责任。一是区分责任主体和违法情形，明确了不同的责任形式。规定国家机关及其工作人员、军队单位及其工作人员，群团组织、企业事业单位、社会组织和其他组织以及个人等不同责任主体，根据不同违法情形，分别承担责令改正、处分处理、精神损害赔偿、行政处罚、民事责任、治安管理处罚、刑事责任等。二是军人军属可按照法律规定以及“抚恤优待”一章的规定进行权利救济。军人军属和“三属”(烈士、因公牺牲军人、病故军人遗属)因为合法权益受到侵害依法提出申诉和控告的,国家机关和军队单位应当依法及时处理;依法提起诉讼的,人民法院应当优先立案、审理和执行,人民检察院可以支持起诉;侵害军人荣誉、名誉和其他相关合法权益,严重影响军人有效履行职责使命,致使社会公共利益受到损害的,人民检察院可以依法提起公益诉讼。

第六章　军人权益的类型化展开

类型化研究是法学研究的重要方法。类型分析是对事物进行具体化、演绎化的思考，能够弥补抽象概念的"空洞化"缺陷，帮助人们清晰准确地感触到事物的实在内容。"当抽象——一般概念及其逻辑体系不足以掌握某生活现象或意义脉络的多样表现形态时，大家首先会想到的补助思维形式是'类型'。"①"类型的具体化、演绎化的思考，是对抽象概念的进一步区分与瓦解，是对抽象概念提供实在的内容支撑。这在相当意义上回避了仅使用抽象概念来解构社会生活的'不着边际'，也同时舒缓了抽象概念的'空洞化'效果，世界从此不再是灰蒙蒙的一片；另一方面，类型化的努力，更是对个别现象的抽象和归纳，是在个别现象之间建立起整体性的意义联系和普遍性的概念。"②

对军人权益的深入考察，同样需要类型化分析。事实上，学术界曾对军人权益作出了一些类型化的初步探索。例如李佑标认为，"由于划分的标准不同，具体的分类也不尽相同。其中，最具有现实意义的分类是根据某种权益是否为军人所特别享有，可以将军人的合法权益分为军人的一般权益与军人的特殊权益"。③又如，汪保康和邱飞在《军人权益的概念和特征》一文中指出，"按照军人权益反映的社会关系性质不同，可以将军人

① [德]卡尔·拉伦茨：《法学方法论》，陈爱娥译，商务印书馆2005年版，第337页。

② 杜宇：《刑法方法论论文集》，北京大学出版社2006年版，第125—126页。

③ 李佑标：《论军人合法权益的概念和特点》，《法学杂志》2003年第3期。

权益划分为精神方面的权益、物质方面的权益和人身方面的权益”;“按照法律主体履行法律义务的不同,可以将军人权益划分为共有权益和特有权益”。[1]田胜利、丁汝坚编著的《军人权益论》在“实务篇”中将军人权益划分为军人政治荣誉权益、物质生活保障权益、军人保险权益、退役安置权益、军人优抚权益、军人家属权益等方面。[2]上述学者的观点对于我们深入探讨军人权益的类型具有一定的借鉴意义。

笔者认为,军人权益在内涵上具有法定性和特殊性。军人权益由法律规定或赋予,是一种法定权益,未经法律规定的权益不具有规范性,从而不具备类型分析的实证意义;军人权益还是一种特殊权益,有别于普通公民的一般权益(尽管军人也享有普通公民的权益),其特殊性体现在两个方面:要么实体内容特殊,要么实现方式特殊。因此,对军人权益的分类要以法律文本为基本依据,以独特性作为内在标准,以便于识别理解作为认识标准,结合实际作出不同的区分。基于我国军人权益保障法律规范,结合学理研究和实践现状,可将军人权益分为以下几类:军人政治权益、军人荣誉权益、军人物质生活保障权益、军人保险权益、军人优待权益、军人优先权益、军人抚恤权益、军人家庭权益、军人退役保障权益等。下文将分别进行阐述。

第一节　军人政治权益

按照宪法学原理,政治权利又称“参政权或政治参加的权利”,是人们参与政治活动的一切权利和自由的总称,主要包括“选举权、被选举权、政治表现自由以及其他各种政治参与权”。[3]政治权利本质上是一种民主权利,其主要功能和价值在于能让公民参与国家意志的形成、法律规则的创

---

① 汪保康、邱飞:《军人权益的概念和特征》,《法学杂志》2003 年第 6 期。

② 田胜利、丁汝坚:《军人权益论》,陕西科学技术出版社 2006 年版。

③ 许崇德:《宪法学》,中国人民大学出版社 2007 年版,第 205 页。

制以及国家的其他重要管理活动，可谓是本源性的权利。有学者指出，“从我国宪法以及与其相关的宪法性法律可以看出，我国公民享有广泛的政治权利。它们包括：产生国家权力的政治权利——选举权；直接参与行使国家权力的政治权利——被选举权；监督国家权力的政治权利——对国家机关和国家工作人员的批评建议权、罢免权，对违法失职行为的申诉、控告、检举权；了解国家事务及对其发表意见的政治权利——政治性言论、出版、集会、游行、示威的权利；组织性的政治权利——政治性结社权”。[①]我国宪法及其相关法赋予了军人的基本政治权利，《军人地位和权益保障法》第十六条规定：“军人享有宪法和法律规定的政治权利，依法参加国家权力机关组成人员选举，依法参加管理国家事务、管理经济和文化事业、管理社会的事务。”军人的政治权益在内容以及实现方式上具有以下特点。

一、军人选举权的平等性与特殊性

选举权和被选举权是军人参加国家管理的一种最重要和最基本的政治权利。赋予军人选举权益以及规范权利行使方式的法律依据包括《宪法》《全国人民代表大会和地方各级人民代表大会选举法》和《中国人民解放军选举全国人民代表大会和县级以上地方各级人民代表大会代表的办法》（以下简称《选举办法》）等。军人选举权益具有以下特点：一是权利内容具有平等性。军人权利来源依据是我国现行《宪法》第三十四条，该条规定：“中华人民共和国年满十八周岁的公民，不分民族、种族、性别、职业、家庭出身、宗教信仰、教育程度、财产状况、居住期限，都有选举权和被选举权；但是依照法律被剥夺政治权利的人除外。”其中规定的“不分职业”，意味着军人与普通公民享有平等的权利，不因身份和职业的差异而区别对待。二是权利行使方式兼有属人与属地的特点。依据《选举办法》的规定，行政关系在军队的人员原则上参加军队的选举，包括“军人、文职

① 李佑标、李敏：《现役军人政治权利研究》，国防大学出版社 2012 年版，第 54—55 页。

人员，军队管理的离休、退休人员和其他人员”。为了方便在地方单位学习和工作的军人行使选举权，《选举办法》第六条规定：“驻地方工厂、铁路、水运、科研等单位的军代表，在地方院校学习的军队人员，可以参加地方选举。”三是随军家属可视情参加军队选举。《选举办法》规定：“驻军的驻地距离当地居民的居住地较远，随军家属参加地方选举有困难的，经选举委员会或者军人委员会批准，可以参加军队选举。”四是选举程序兼顾原则性与灵活性。直接选举时，各选区应当召开军人大会进行选举，或者按照方便选民投票的原则设立投票站进行选举。驻地分散或者行动不便的选民，可以在流动票箱投票。

二、军人政治表达权的自由性与纪律性

政治表达权是公民表达自己的意愿，参加国家政治生活，行使当家作主权利的重要方式。政治表达的自由是指“人们通过一定的方式将自己内心的精神作用公诸外部精神活动的自由”。[①]当然，政治表达自由必须在法律范围内行使，脱离法律的绝对自由是不存在的。

我军是党绝对领导下的人民军队，在政治上必须始终与党中央、中央军委保持高度一致。因此，军人在行使政治表达权利时应当严守政治纪律，将政治自由与政治自觉有机结合起来。军人政治表达权受到纪律的约束不仅具有历史依据、现实基础，而且具有理论支撑，正如有学者所言，“对安全价值的追求是现役军人政治权利限制的正当性根源”。[②]

从法律依据看，《中国人民解放军纪律条令》《中国人民解放军内务条令》等军事法规对军人政治表达自由设定了一些纪律约束，要求军人言论必须坚守正确的政治立场。《中国人民解放军纪律条令》第十一条规定：“遵守政治纪律，对党忠诚，立场坚定。坚定不移贯彻执行党的路线、方针、政策，坚持党对军队绝对领导的根本原则和制度，牢固树立政治意识、

① 许崇德：《宪法学》，中国人民大学出版社 2007 年版，第 211 页。

② 李佑标、李敏：《现役军人政治权利研究》，国防大学出版社 2012 年版，第 78 页。

大局意识、核心意识、看齐意识，坚决维护权威、维护核心、维护和贯彻军委主席负责制，自觉在思想上行动上同党中央、中央军委保持高度一致，在重大政治斗争中立场坚定，在重大原则问题上旗帜鲜明。"《中国人民解放军内务条令》第一百零一条规定："军人不得擅自在地方学术活动中发表言论。"《中国人民解放军纪律条令》第一百一十四条规定，"散布反对党的路线方针政策、反对社会主义制度、反对党对军队绝对领导、反对军委集中统一领导和军委主席负责制等错误言论，或者公开发表支持'军队非党化、非政治化'和'军队国家化'等错误政治观点的文章、演说、宣言、声明等，或者为上述行为提供便利条件，情节较轻的，给予警告、严重警告处分；情节较重的，给予记过、记大过处分；情节严重的，给予降职（级）、降衔（级）、撤职处分"。上述规定时刻警示着军人务必做到著书立说守纪律，言论出版无杂音。

三、军人监督权受到法律保障

监督权是宪法赋予公民的基本权利之一，是指对国家机关和国家工作人员提出批评建议的权利，以及对违法失职行为提出申诉、控告或检举的权利。在监督权方面，军人与普通公民并无差异，从法律规范层面看，《军人地位和权益保障法》第十七条规定："军队建立军人代表会议、军人委员会等民主制度，保障军人知情权、参与权、建议权和监督权。"《中国人民解放军纪律条令》第八章专门规定了军人控告与申诉权利，既有实体性赋权，又有程序性救济，为军人监督权的行使提供了法规依据和操作办法。2022 年 5 月 1 日施行的《军人委员会工作规定》，也对军人监督权作了具体规定。除此之外，自 2017 年 7 月 1 日启动试点并于 2023 年全面开展的军事行政诉讼制度，为军人监督权的行使提供了新的渠道。

第二节　军人荣誉权益

对于军人而言，荣誉是军人价值的重要体现，是激发军人完成使命的重要动力。从法学角度看，荣誉还是一种受法律保护的权益。

一、军人荣誉权益的内涵与外延

军人荣誉是国家、社会对军人献身国防和军队建设、社会主义现代化建设的褒扬和激励，是鼓舞军人士气、提升军队战斗力的精神力量。军人荣誉权益是指军人所享有的因其突出贡献或特殊劳动成果而获得的光荣称号或其他荣誉的权益，包括精神利益和物质利益两个方面。精神利益是指荣誉权人因获得荣誉而享有的尊敬、敬仰、崇拜及荣耀满足等精神待遇和精神感受，也可称之为“礼遇”。物质利益是荣誉权人在获得荣誉的同时依法所享有的物质奖励及相关保障的权益，也可称之为“待遇”。“赋予军人崇高的荣誉，是世界各国军队的通行做法，其形式多种多样，如在特定场合可着军装、可佩戴勋章、奖章，授予勋章举行隆重庆祝仪式，也有部分国家将功勋荣誉与物质待遇挂钩，比如英国维多利亚十字勋章获得者可大幅增加年薪；美国获得国会荣誉勋章的军人，在有空余舱位的情况下，可以免费乘坐军用飞机等。”①

由于荣誉权益是以荣誉为基础，以荣誉权为前提，因此，研究荣誉以及荣誉权的概念具有重要意义。法学语境中的“荣誉”指的是，公民或法人享有因自己的突出贡献或特殊劳动成果而获得的光荣称号或其他类型的美誉。②荣誉是对权利主体一种正面、积极的评价，是有权机构授予的一种美名或称号，它能在一定程度上提升荣誉权人的名誉，进而使其获得一定的利益。

荣誉权是一种特殊的法律权利，兼有公法与私法的性质。荣誉权的取得有赖于有权机关的授予，带有明显的行政法性质。荣誉的维持则由多种法律关系调整，荣誉利益可被逐层剥离且分别归属于行政法、个人信息保护、名誉权和财产权等理论的规制范畴。③荣誉权的客体是荣誉的本

---

① 郝万禄：《解析〈退役军人保障法〉看点》，《中国退役军人》2020 年第 12 期。

② 王利明：《中华人民共和国民法总则详解》，中国法制出版社 2017 年版，第 450 页。

③ 姚辉、叶翔：《荣誉权的前世今生及其未来——兼评民法典各分编（草案）中的相关规定》，《浙江社会科学》2020 年第 3 期。

身以及荣誉所包含的利益。荣誉权既是一种既得权,又是一种期待权。荣誉既得权表现为荣誉权人对其已经取得的荣誉及其利益的独占权,其他任何组织和个人均负有不得侵犯的法定义务。荣誉期待权是指荣誉获得权主体在符合法定条件时,而组织没有主动授予其荣誉,有权向组织主张应获得的荣誉的权利。荣誉权的权能包括荣誉获得权、荣誉保持权、礼遇权和待遇权等。

依据我国的法律规范和社会实践,广受认可的荣誉形式主要有勋章、荣誉称号、表彰奖励和纪念章四个类别。勋章是党、国家、军队的至高荣誉,包括“共和国勋章”“七一勋章”“八一勋章”“友谊勋章”等。其中“共和国勋章”是国家最高荣誉,授予为党、国家和人民的事业作出巨大贡献、功勋卓著的杰出人士,这是根据宪法法律规定,由全国人大常委会决定、国家主席签发证书并颁授的国家勋章。“七一勋章”是党内最高荣誉,授予在中国特色社会主义伟大事业和党的建设新的伟大工程中作出杰出贡献的党员,由中共中央决定、中共中央总书记签发证书并颁授。“八一勋章”是军队最高荣誉,授予在维护国家主权、安全、发展利益,推进国防和军队现代化建设中建立卓越功勋的军队人员,这是由中央军委决定、中央军委主席签发证书并颁授的军队最高荣誉。“友谊勋章”授予在我国社会主义现代化建设和促进中外交流合作、维护世界和平作出杰出贡献的外国人。

荣誉称号是对个人或集体突出功绩的褒奖形式,包括国家荣誉称号和党中央、国务院和中央军委授予的荣誉称号。国家荣誉称号授予在经济、社会、国防、外交、教育、科技、文化、卫生、体育等各领域各行业作出重大贡献、享有崇高声誉的杰出人士,一般冠以“人民”等称谓,比如“人民英雄”“人民卫士”等。党中央、国务院和中央军委授予的荣誉称号主要是授予在完成重大任务、处置突发事件等工作中表现特别突出、事迹特别感人的个人和集体。比如,2021 年 2 月 19 日,为褒扬在边境冲突中誓死捍卫国土的先进个人,中央军委授予祁发宝“卫国戍边英雄团长”荣誉称号,追授陈红军“卫国戍边英雄”荣誉称号。

表彰奖励按层级分为国家级表彰奖励、军队表彰奖励、部门和地方表彰奖励等。常见的国家级表彰主要有全国劳动模范和先进工作者表彰，国家科学技术奖，全国民族团结进步模范表彰以及“全国优秀共产党员”“全国优秀党务工作者”“全国先进党组织”等党内表彰。军队表彰奖励主要由《中国人民解放军纪律条令》规定，其中第三章规定了奖励的项目、条件、权限、实施程序和待遇等，第四章规定了表彰有关事项。依据《中国人民解放军纪律条令》的规定，军队对个人的奖励项目有六类，由低到高分别是：嘉奖、三等功、二等功、一等功、荣誉称号、八一勋章。表彰项目根据工作或者任务类型、性质确定，由组织单位按照程序提出立项申请，通常在每年第一季度集中办理。

纪念章是一种荣誉性的纪念器物，由党中央、国务院、中央军委向参与特定时期、特定领域重大工作的个人颁发。军队纪念章主要有作战纪念章、重大任务纪念章、国防服役纪念章、卫国戍边纪念章、献身国防纪念章、和平使命纪念章等。

前述的四种荣誉类型决定了军人荣誉权益的基本范围，军人只能在规定范围内，按照法定条件和法定程序取得荣誉。有关组织应当依法为符合条件的军人授予荣誉。

二、军人荣誉权益的法律维护

调整荣誉权的制度规范主要有：《宪法》《民法典》《国家勋章和国家荣誉称号法》《军人地位和权益保障法》《中国人民解放军纪律条令》《中国共产党党内功勋荣誉表彰条例》《国家功勋荣誉表彰条例》《军队功勋荣誉表彰条例》《“共和国勋章”和国家荣誉称号授予办法》《“七一勋章”授予办法》《“八一勋章”授予办法》《军队奖励和表彰管理规定》《军队功勋荣誉表彰实施办法》，等等。这些制度规范为荣誉权的取得、维持与救济提供了全面的依据，也是规范军人荣誉权益保障的基本依据。

军人荣誉的维护制度主要规定在《军人地位和权益保障法》的第三

章。《军人地位和权益保障法》专设“荣誉维护”一章，明确了国家、军队、社会在维护军人荣誉方面的责任或义务。从国家层面看，《军人地位和权益保障法》规定国家维护军人荣誉，激励军人崇尚荣誉，国家采取多种形式的宣传教育、奖励激励和保障措施，培育军人的职业使命感、自豪感和荣誉感，激发军人建功立业、报效国家的积极性、主动性、创造性。明确国家建立健全军人荣誉体系，通过授予勋章、荣誉称号和记功、嘉奖、表彰、颁发纪念章等方式，对作出突出成绩和贡献的军人给予功勋荣誉表彰，褒扬军人为国家和人民作出的奉献和牺牲。从军队层面看，《军人地位和权益保障法》规定军队加强爱国主义、集体主义、革命英雄主义教育，强化军人的荣誉意识，培育有灵魂、有本事、有血性、有品德的新时代革命军人，锻造具有铁一般信仰、铁一般纪律、铁一般担当的过硬部队。从社会层面看，《军人地位和权益保障法》规定全社会应当学习中国人民解放军光荣历史，宣传军人功绩和牺牲奉献精神，营造维护军人荣誉的良好氛围。各级各类学校设置的国防教育课程中，应当包括中国人民解放军光荣历史、军人英雄模范事迹等内容。法律之所以规定维护荣誉的社会责任，主要是因为荣誉有着丰富的群众和社会基础，要保护好军人荣誉权，就必须切实加强每个社会成员对于荣誉和荣誉权的认知，进行必要的社会宣传教育，形成保护军人荣誉的良好社会氛围，避免出现因为认知水平不足而侵犯军人荣誉权的问题。

除此之外，《军人地位和权益保障法》还具体规定了多种荣誉保障制度。一是礼遇和待遇制度。规定获得功勋荣誉表彰的军人享受相应礼遇和待遇。在公民入伍、军人退出现役等时机，应当举行相应仪式；在烈士和因公牺牲军人安葬等场合，应当举行悼念仪式；各级人民政府应当在重大节日和纪念日走访慰问军队单位、军人家庭及遗属；为军人及遗属家庭悬挂光荣牌，为获得功勋荣誉表彰的军人家庭送喜报，等等。二是荣誉记载制度。获得功勋荣誉表彰和执行作战任务的军人的姓名和功绩，按照规定载入功勋簿、荣誉册、地方志等史志。三是先进事迹宣传制度。中央和国家有关机关、地方和军队各级有关机关，以及广播、电视、报刊、互联网等媒体，应当积极宣传军人的先进典型和英勇事迹。四是军人荣誉终身享有制度。军人获得的荣誉由其终身享有，非因法定事由、非经法定程序不得撤销。五是军人荣誉及名誉受法律保护制度。任何组织和个人不得以任何方式诋毁、贬损军人的荣誉，侮辱、诽谤军人的名誉，不得故意毁损、玷污军人的荣誉标识。

三、军人荣誉权益的法律救济

法谚有云："无救济则无权利。"既然军人荣誉权是一种法定权利，就必然涉及权利的救济问题。权利救济以权利遭受侵害为前提，以恢复权利或填补利益为手段。由于军人荣誉权具有多种权能，受到行政法、民法等不同法律规范的调整，加之侵害军人荣誉权益的样态各异，因此军人荣誉权益的救济途径也是多样化的。下文根据侵权行为的不同类型，探索不同的救济样式。

(一) 侵犯军人荣誉获得权的救济

获得荣誉是享受荣誉权益的前提，而军人荣誉的获取有赖于特定机关或组织的授予。军人荣誉的授予条件及程序主要由《中国人民解放军纪律条令》《军队奖励和表彰管理规定》等军事法规范来调整。《中国人民解放军纪律条令》第三章第三节规定了个人奖励的条件，同时也为军队相关组织赋予了职权职责。对组织来说，为军人实施奖励授予荣誉有时属于强制性义务，有时属于选择性权力。比如，《中国人民解放军纪律条令》第二十五条规定："在作战、训练或者其他工作中的某一方面表现突出，取得优良成绩或者被评为优秀基层官兵的，给予嘉奖。"意味着对那些被评为优秀基层官兵的人员，军队组织应当给予嘉奖。《中国人民解放军纪律条令》第二十六条至第五十条关于各种立功乃至授予荣誉称号的规定，全部使用"可以"一词，这意味着赋予了相关组织的自由裁量权。

前述的授予荣誉是从正面角度思考的，是一种积极行为。如果从反面和消极角度思考，还存在撤销或剥夺荣誉的情况。比如，《中国人民解放军纪律条令》第九十二条规定了撤销奖励的情形，包括：弄虚作假，骗取奖励的；获奖事迹与事实不符的；申报奖励时隐瞒严重错误或者违反规定程序的；有法律法规规定应当撤销奖励的其他情形的。撤销奖励的权限和程序，按照实施奖励的权限和程序办理。

假如军队组织不正确履行职责，应当授予军人荣誉时不授予，不得撤销或剥夺军人荣誉时却实施了撤销或剥夺行为，此时军人荣誉的获得权就受到了侵犯。此种情况该如何救济呢？是否可以提起诉讼？如果不能诉讼是否还有其他救济途径？

一般而言，权利救济的合法途径主要有诉讼渠道、非诉讼渠道和其他渠道。诉讼渠道主要包括行政诉讼、民事诉讼、刑事诉讼等；非诉讼渠道主要是指行政申诉和行政复议等；其他渠道主要有正当防卫、自助等自力救济等。要选择合法的救济途径必须首先明确法律关系，准确界定侵权行为的法律属性。授予荣誉的行为通常属于一种行政奖励行为，受相关行政法律规范的调整，受行政法及行政诉讼法理论的指导。所谓行政奖励，是指行政机关对为国家和社会作出一定贡献的行政相对人给予物质、精神奖励的行为，是一种授益的具体行政行为。行政奖励行为可分为内部的行政奖励行为和外部的行政奖励行为。内部行政奖励行为是指行政机关给予行政机关内部的工作人员物质和精神奖励的行为。比如，《中国人民解放军纪律条令》所规定的个人奖励事项都属于内部行政奖励行为。外部行政奖励行为，是指行政机关基于行政管理的目的，奖励公民、法人或其他组织的行为，通常是基于行政相对人实施了有利于行政管理的行为而实施的奖励。比如，依据一些地方法规或政府规章，授予“见义勇为”荣誉称号的行为就是一种外部行政奖励行为。不同的行政奖励行为，其救济途径是有差别的。依据行政诉讼法原理，外部行政奖励行为具有可诉性，属于《行政诉讼法》第十二条第（十二）项规定的受案范围，即“认为行政机关侵犯其他人身权、财产权等合法权益的”。当相对人认为行政机关的行政奖励行为侵犯其合法权益的，可以提起行政诉讼，人民法院应当受理。而内部行政奖励行为不具有可诉性，依据《行政诉讼法》第十三条第(三)项的规定，“行政机关对行政机关工作人员的奖惩、任免等决定”不属于人民法院的受案范围。

问题是，当关掉诉讼救济这扇大门的时候，是否还有其他的救济渠道？答案是肯定的。《中国人民解放军纪律条令》第八章专门赋予了军人控告和申诉的权利。控告和申诉是军人的民主权利，其目的在于充分发挥群众监督作用，保护军人合法权益，维护军队严格的纪律。军人荣誉权益受到侵犯理应属于控告和申诉的范围。值得注意的是，依据《中国人民解放军纪律条令》的规定，行使控告和申诉权利，要遵循一定的实体和程序要件，比如控告和申诉应当忠于事实；可以按级或越级提出，但是越级控告和申诉一般应当以书面形式提出；要遵守控告、申诉工作有关规定，维护社会秩序和部队正常工作秩序。需要说明的是，由于军人荣誉获得权受到侵犯通常属于行政争议，涉及行政管理秩序与保护合法权益的关系平衡，军人维权不能采取防卫、自助等自力救济方式，更不得无理取闹、胡搅蛮缠。

(二) 侵犯军人荣誉享有权的救济

如前文所述，授予荣誉是一项严肃的行政奖励行为，需要法定的条件和程序。授予荣誉需要以事实为基础，以法律为准绳，基于特定的事，指向特定的人。就某项可以表彰奖励的先进事实而言，其行为主体是特定的。该特定的主体就是荣誉权的应然享有者。但实践中，有人以非法手段，窃取、强占、冒领他人荣誉，比如冒用他人的成果申领奖励的行为；有人在创作或宣传中有意或无意地将某人荣誉张冠李戴，名不符实，典型案例就是珍宝岛战斗英雄于洪东的事迹被某出版物错误冠名。诸如此类的行为都侵犯了荣誉权人的合法权益，笔者将这种受侵害的权益称之为荣誉享有权。

当军人的荣誉享有权受到侵犯后，该如何救济呢？对于他人以非法手段窃取、强占、冒领荣誉的侵权行为，因涉及行政法律关系、民事法律关系等多种法律关系，其救济手段自然也包括行政手段和民事手段等。行政救济手段主要是向授予荣誉的有关机构或组织提出异议，申请其撤销错误授予的荣誉，依程序让荣誉实至名归。民事救济手段主要是采取民事诉讼、调解、和解等方式让侵权人赔礼道歉、纠正错误、恢复荣誉、赔偿损失等。对于创作或宣传中错误冠名的侵权行为，因荣誉授予本身没有问题，不牵涉行政法律关系，故只能通过民事手段予以救济。下文以珍宝岛战斗英雄于洪东诉今日中国出版社侵犯荣誉权案为例，对军人荣誉享有权的救济方式进行分析。①②

案情简介：于洪东曾任我军某部特务连侦察排排长，1969 年参加珍宝岛自卫反击作战，英勇善战，炸毁敌坦克一辆（现陈列在北京军事博物馆），击毙击伤敌人多名。于洪东作为共和国的功臣，党和国家给了他崇高的荣誉。1969 年 4 月，他被沈阳军区荣记一等功，并受到毛泽东主席及党和国家领导人三次亲切接见。他的光荣事迹被载入《中华人民共和国演义》《陆军某军军史、某师师史》等书中。然而，2000 年初，一本名为《珍宝岛未曾陷落》的书籍搅乱了于洪东的生活，该书由今日中国出版社出版，醒目位置标注着“战地纪实，历史写真”的字样，正文也陈述了于洪东英勇作战的事迹，但只见其事，未闻其名，于洪东的大名被其战友冯某某所取代。于洪东得知此事后，本着对事实负责、对历史负责的态度，决定状告出版社，维护自身的荣誉权，于是向北京市西城区人民法院提起民事诉讼。

原告诉称：“被告出版的《珍宝岛未曾陷落》一书系战地纪实作品，但书中第二章、第三章描写 1969 年 3 月 2 日及 3 月 15 日的战斗场景有多处应为原告于洪东的事迹却被写为冯某某。侵权书籍《珍宝岛未曾陷落》

---

① 参见武军垒：《“珍宝岛英雄”打赢首例荣誉权官司》，《检察风云》2015 年第 17 期。

② 参见薛培龙、李忠：《岁月湮没不了的光荣珍宝岛战斗英雄于洪东诉今日中国出版社侵犯荣誉权案始末》，《中国律师》2002 年第 9 期。

出版发行后，一些不明真相的人对于洪东的光荣事迹产生了怀疑，给原告造成了极坏的影响。根据《中华人民共和国民法通则》第102条之规定及最高人民法院有关司法解释，原告享有诉权，其诉讼请求为要求被告停止侵害，在全国性报刊上公开赔礼道歉，赔偿原告精神损失及必要的经济损失。"

被告辩称："一、本书书号非其书号，应为盗版书，出版社不是责任主体，不负任何侵权责任；二、被告的书是对珍宝岛英雄事迹的歌颂，不存在诋毁原告的行为，也没有剥夺原告的荣誉权，因此谈不上侵犯原告荣誉权；三、被告的书为文艺作品，文艺作品允许虚构，故本书的写法不存在侵权问题；四、本书描写的是一个大的战役，没有必要把每一个人都写进去；五、原告指出的书中数处与事实不符、证据不足，不能证明这些行为确为于洪东一人所为而非他人所为。"

法庭经过审理及调查查明，被告的书中把于洪东的事迹写成了冯某某的事迹，张冠李戴，与事实不符。2002年5月，在侵权事实成立的前提下，法庭主持调解，双方达成调解协议：由被告向原告书面赔礼道歉，赔偿原告精神损害及经济损失共计人民币两万元。

该案是我国首例荣誉权纠纷，是军人荣誉权救济的典型案例，产生了积极的政治效果、法律效果和社会效果，特别是在法律适用、证据调取、事实认定和纠纷解决方式等方面具有一定的开创意义和借鉴价值。

（三）诋毁、贬损军人荣誉等侵权行为的救济

《军人地位和权益保障法》第三十二条规定："军人荣誉和名誉受法律保护。任何组织和个人不得以任何方式诋毁、贬损军人的荣誉，侮辱、诽谤军人的名誉，不得故意毁损、玷污军人的荣誉标识。"《民法典》第一千零三十一条规定："民事主体享有荣誉权。任何组织和个人不得非法剥夺他人的荣誉称号，不得诋毁、贬损他人的荣誉。"很显然，无论是军事法律，还是民事法律，都对诋毁、贬损军人荣誉的行为作出了禁止性规定，意味着该种行为是一种典型的违法行为，要受到法律制裁。荣誉本是一种正面积极的评价，是一种美誉，诋毁、贬损荣誉则让荣誉权人的社会评价降低、

正面名誉受损。因此，诋毁、贬损军人荣誉的案件通常归入名誉权纠纷案，典型案例是“狼牙山五壮士”名誉权、荣誉权纠纷案。①

案情简介：2013 年 11 月 8 日，洪某在《炎黄春秋》杂志发表了《“狼牙山五壮士”的细节分歧》一文，包括“在何处跳崖”“跳崖是怎么跳”“‘五壮士’是否拔了群众的萝卜”等部分。文章通过援引不同来源、内容、时期的报刊资料等方式，对“狼牙山五壮士”事迹中的细节提出质疑。文章发表后，引起不良的社会反响。“狼牙山五壮士”中的葛振林之子葛长生、宋学义之子宋福保认为该文以历史考据、学术研究为幌子，以细节否定英雄，企图达到抹黑“狼牙山五壮士”英雄形象和名誉的目的。葛长生、宋福保遂于 2015 年 8 月 25 日分别向北京市西城区人民法院提起诉讼，请求判令洪某停止侵权、公开道歉、消除影响。

被告洪某辩称：“其所发表的文章是学术文章，没有侮辱性的言词，且文章每一个事实的表述都有相应的根据，而不是凭空捏造或者歪曲，不构成侮辱和诽谤。进行历史研究的目的是探求历史真相，行使的是宪法赋予公民的思想自由、学术自由、言论自由权利，任何人无权剥夺。原告的起诉没有事实依据，不同意全部诉讼请求。”

2016 年 4 月 29 日，上述两案在西城区人民法院公开开庭审理。法院经审理认为，1941 年 9 月 25 日，在易县发生的狼牙山战斗，是被大量事实证明的著名战斗。在这场战斗中，“狼牙山五壮士”英勇抗敌的基本事实和舍生取义的伟大精神，赢得了全国人民高度认同和广泛赞扬，是“五壮士”获得“狼牙山五壮士”崇高名誉和荣誉的基础。“狼牙山五壮士”的英雄称号，是国家及公众对他们在反抗侵略、保家卫国作出巨大牺牲的褒奖，也是他们应当获得的个人名誉和荣誉。和平年代，“狼牙山五壮士”的精神，仍然是我国公众树立不畏艰辛、不怕困难、为国为民奋斗终身的

---

① 参见牛犇：《“狼牙山五壮士”名誉权纠纷案——人民法院通过民事审判彰显社会价值、纯化道德风尚》，中国法院网，https://www.chinacourt.org/article/detail/2018/12/id/3607013.shtml。

精神指引。被告洪某发表的文章虽无明显侮辱性的语言，但其采取的行为方式却是通过强调与基本事实无关或者关联不大的细节，甚至与网民张某对“狼牙山五壮士”的污蔑性谣言相呼应，质疑“五壮士”英勇抗敌、舍生取义的基本事实，颠覆“五壮士”的英勇形象，贬损、降低“五壮士”的人格评价，引导读者对这一英雄人物群体英勇抗敌事迹和舍生取义精神产生怀疑，从而否定基本事实的真实性，进而降低他们的英勇形象和精神价值。这种“学术研究”“言论自由”不可避免地会侵害“五壮士”的名誉和荣誉，以及融入了这种名誉、荣誉的社会公共利益。

2016 年 6 月 27 日，西城区人民法院作出一审判决：洪某立即停止侵害行为；公开发布赔礼道歉公告，向原告赔礼道歉，消除影响。一审败诉后，洪某提起上诉。2016 年 8 月 15 日，北京市第二中级人民法院作出二审判决，驳回上诉，维持原判。判决生效后，因冯某拒绝履行生效判决确定的义务，后被法院依法强制执行，两案一、二审判决书的主要内容在《人民法院报》上刊登，所需费用由洪某承担。

“狼牙山五壮士”案的审理引发了社会各界的广泛关注。人民法院对此案的依法公开审理判决，对以所谓的学术研究为名侵害他人合法权益的行为作出制裁，明确表达了我国司法在荣誉权和名誉权保护中的鲜明立场，突出了对革命军人特别是英烈名誉权、荣誉权的维护。该案成为最高人民法院发布的保护英雄人物名誉权荣誉权益典型案例之一，并被写入最高人民法院工作报告。该案的审理，还促进了我国立法的发展，根据全国人大法律委员会的建议，2017 年 3 月 15 日通过的《民法总则》（现为《民法典》总则编）第一百八十五条规定：“侵害英雄烈士等的姓名、肖像、名誉、荣誉，损害社会公共利益的，应当承担民事责任。”2018 年 4 月 27 日通过的《英雄烈士保护法》，对侵害英雄烈士姓名、肖像、名誉、荣誉等行为的法律责任进一步强化细化。

（四）毁损、玷污、侵夺军人荣誉标识等侵权行为的救济

荣誉证书、证物、纪念章、光荣牌等荣誉标识，是荣誉的载体，有的是

荣誉的证明，有的是荣誉的展示，有的是荣誉的纪念，都是精神利益与物质利益的结合体，受到法律的保护。《军人地位和权益保障法》第三十二条要求“不得故意毁损、玷污军人的荣誉标识”。《民法典》第一千一百八十三条规定：“因故意或过失侵害自然人具有人身意义的特定物造成严重精神损害的，被侵权人有权请求精神损害赔偿。”实践中，还存在一些毁损、玷污、侵夺军人荣誉标识的现象，下文引用两个案例进行分析。

案例 1：军属郭某“光荣军属”牌被涂粪便案。①案情简介：某市军属郭某在一天清晨打开家门后，发现自家门头上的“光荣军属”牌被粪便涂得面目全非，门前也倒满污秽。郭某将情况反映到乡维护国防利益和军属合法权益工作站，乡武装部长了解情况之后当即向派出所报了案。派出所经排查发现村民张某有重大嫌疑，经教育，张某交代自己的违法行为。张某原来与郭某一家并无矛盾纠纷。但从 1990 年起，郭某的两个儿子先后入伍并都提了干，而张某的两个儿子因种种原因未能参军，为此心里感到很不平衡，元旦、春节期间，各级政府采取的拥军举措更让心胸狭窄的张某嫉妒不已，于是他便用粪便泼洒了郭家的“光荣军属”牌。法院对侵害军属荣誉权作出一审判决，判令被告向军属郭某赔礼道歉，恢复“光荣军属”牌原状，并赔偿精神损失费 1300 元。

此案的判决，表明了荣誉标识受法律保护的司法立场，对于玷污“光荣军属”牌的行为进行了否定评价和法律制裁，具有重要的政治意义、法律意义和社会意义。

案例 2：张某平与王某丽名誉权纠纷、荣誉权纠纷案。②案情简介：原告张某平与被告王某丽系上下楼邻居，原告住 1207 室，被告住 1307 室。2020 年 2 月 13 日 11 时左右，原告报警称其 1207 房间门口“光荣之家”荣誉牌被掰掉。民警通过调查发现荣誉牌被 1307 房间业主王某丽掰掉，经民警做工作王某丽将荣誉牌交出来，但是拒绝将荣誉牌安装在墙上恢复

① 引自冯涛：《论荣誉权被侵害的样态与救济》，《洛阳大学学报》2006 年第 3 期。

② 引自中国裁判文书网，(2020)豫 0102 民初 8809 号文书。

原样。

原告遂向河南省郑州市中原区人民法院提起诉讼。原告诉称：1.责令被告王某丽赔偿原告张某平一家三口精神损失费 7000 元和名誉损失费 3000 元，并为其公然辱骂、恐吓的恶劣行径向原告一家三口公开道歉（以书面形式张贴于 3 号院 6 号楼电梯口并公示一周以上），并承诺永不再对原告一家以任何方式实施侵权行为。2.诉讼费由被告承担。

法院审理认为，公民享有名誉权、荣誉权，公民的人格尊严受法律保护。被告因邻里纠纷损坏原告的“光荣之家”荣誉牌、使用污言秽语辱骂“12 楼 1207”，显然对原告的社会评价造成了负面影响，被告的行为已构成对原告荣誉权、名誉权的侵害，且在一定程度上给原告带来痛苦，故原告要求被告停止侵权、赔偿精神损害抚慰金的请求，法院依法予以支持，根据被告侵权的次数（2 次）、场合（12 楼、13 楼）和行为方式只提到了房号等情形，精神损害抚慰金法院酌定为 500 元。原告请求的书面赔礼道歉，由于被告的侵权行为并非以文字或者书面方式实施，法院不予支持。被告辩称原告家噪音过大影响休息并提供一份录音，但录音中并未听到噪音，原告也不认可自家产生噪音，故被告该项辩称不予采信。综上，法院判决如下：被告王某丽停止侵权；被告王某丽于判决生效后十日内赔偿原告张某平精神损害抚慰金 500 元；驳回原告张某平其他诉讼请求。案件受理费 25 元，由被告王某丽负担。本判决为终审判决。

虽然案例 2 与案例 1 的诉请保护对象都是“光荣军属”牌，但案例 1 对军属荣誉的侵害更加直接，目的性、针对性更强，案例 2 系由邻里矛盾纠纷迁怒至“光荣军属”牌。两案均对侵权行为进行了否定的法律评价和相应的法律制裁，表明“光荣军属”牌等荣誉标识受法律保护的司法立场，任何组织和个人不得以任何理由侵犯军人荣誉标识。

（五）荣誉权人物质利益受侵害的救济

荣誉权人在获取荣誉表彰后除获得精神鼓励外，常常也会获得附随的物质性利益。比如，依据《中国人民解放军纪律条令》的规定，对获得二等功以上奖励或者3次三等功奖励的军士，可以增加军衔级别工资档次；对获得二等功奖励或者3次三等功奖励的军官，可以增加职务（专业技术等级）工资档次；对获得一等功以上奖励的军官，可以提前晋衔或者增加职务（专业技术等级）工资档次。又如，立功受奖的军人，可根据不同层次的奖励获得相应的奖金。如果有关组织或个人拒发、少发或截留军人应得的物质奖励，那么该如何救济呢？对此，可根据侵权主体的身份以及侵权行为的性质，灵活采取行政申诉、行政复议、行政诉讼或军事行政诉讼等手段进行救济。

（六）侵犯军人荣誉记载利益的救济

荣誉记载利益主要包括证书的正确记载、军人档案的如实装填以及地方史志传记的记载。依据《民法典》第一千零三十一条的规定："获得的荣誉称号应当记载而没有记载的，民事主体可以请求记载；获得的荣誉称号记载错误的，民事主体可以请求更正。"这意味着荣誉记载事项被纳入了民事权利的保护范围，若荣誉记载利益受侵，荣誉权人有权提起民事诉讼。《军人地位和权益保障法》第二十七条规定："获得功勋荣誉表彰和执行作战任务的军人的姓名和功绩，按照规定载入功勋簿、荣誉册、地方志等史志。"比如，2019年，德州市制作下发立功受奖现役军人荣誉册（名为《德州市立功受奖军人风采录》），印发全市党政机关、学校和部分企事业单位，同时还被德州市档案馆永久收藏。《德州市立功受奖军人风采录》中不仅有立功受奖现役军人的先进事迹，还有他们的奖章、荣誉证书以及官兵在军营训练、生活的珍贵照片等。[①]风采录印发后，在社会上产生了积极的反响，不仅让社会大众和各类组织了解了军人的先进事迹，而且增进了立功受奖军人的自豪感和责任感，还促进了征兵工作的高质高效展开。因此，保护军人荣誉记载利益不仅符合法律要求，而且会产生良好的政治效果和社会效果。

① 于斌、张光勇：《德州市制作下发立功受奖现役军人荣誉册》，《中国国防报》2019年2月23日。

如果荣誉记载利益受损怎么办？比如未将荣誉事项装入军人档案，未按照规定将获得功勋荣誉表彰和执行作战任务的军人的姓名和功绩载入功勋簿、荣誉册、地方志等史志。诸如此类的行为，荣誉权人有权请求相关组织予以记载，若相关组织拒绝履行义务，可依据《民法典》让其承担民事责任，也可依据《军人地位和权益保障法》《中国人民解放军纪律条令》等军事法律法规让其承担行政责任。

第三节　军人物质生活权益

军人物质生活权益，是指为满足军人及其家庭正常的物质生活需要而享有的工资收入、住房保障、医疗保障等权益。军队是为国家和人民生产“安全保卫”的，并不生产物质产品，不会直接产生经济效益。特别是自2016年军委印发《全面停止有偿服务活动的通知》之后，经过3年多时间的努力，全面停止有偿服务任务基本完成，军队不从事经营活动的目标已经实现。军队不是企业，军人也不是企业员工，不以经济效益作为工作的评价标准，不靠自身创收来解决物质保障问题。军人的物质生活保障应当纳入国家和社会保障体系。正如《军人地位和权益保障法》第三十三条所规定的：“国家建立军人待遇保障制度，保证军人履行职责使命，保障军人及其家庭的生活水平。”

一、军人工资收入权益

军人工资是国家以货币形式定期发放给军人的一种劳动报酬，是军人最重要的生活来源，是军人物质生活权益的重要组成部分。

《军人地位和权益保障法》第三十四条规定：“国家建立相对独立、特色鲜明、具有比较优势的军人工资待遇制度。军官和军士实行工资制度，义务兵实行供给制生活待遇制度。军人享受个人所得税优惠政策。国家建立军人工资待遇正常增长机制。军人工资待遇的结构、标准及其调整办法,由中央军事委员会规定。”

军人工资待遇制度具有如下特点:一是相对独立。所谓相对独立,是指军人工资待遇的制度规定,不同于其他职业,来源及其运行机制较为特殊。军人的工资收入,主要来源是军费。为保障军费使用的安全性和科学性,军费具有独立的运行机制。军人工资待遇保障纳入军费运行这个大盘子。二是特色鲜明。军人工资的特色主要在于“姓军为战”,其结构、标准及其调整办法都具有军队特色,符合军队实际和军人职业特点,不同于地方公务员、企事业单位工作人员的工资制度。三是具有比较优势。没有比较就没有鉴别,通过比较拉开一定的幅度和差距,形成薪酬中的优势,具有重要意义。军人工资待遇的比较优势是提升军人职业尊崇性和吸引力的重要途径,既能增强军人的获得感和幸福感,引导军人安心本职投身国防事业,又能吸引更多优秀人才参军入伍、保家卫国。如何才具有比较优势呢?这涉及比较对象、比较内容、比较方法等问题。从比较对象看,具有一定可比性的对象是公务员,因为两者都是国家工作人员,工资收入来源都属于公共财政。从比较内容来看,既要看月工资收入,也要看年工资收入,年薪总数更具有可比性。从比较方法看,既要横向比较,又要纵向比较,横向主要是与同地域同级别的国家工作人员比较,纵向主要是与国家经济发展速度及物价上涨情况比较。因此,判断军人工资是否具有比较优势,应运用科学的比较方法,选择恰当的比较对象,确立合理的比较内容和标准。比如,当军人年度工资总收入高于驻地同职级的公务员年度工资总收入时,就可认定军人工资具有比较优势。

二、住房保障权益

自古以来住房问题就是一个备受关注的民生问题。从军人权益保障角度来看,住房保障是一项基础性保障,是军人安心服役、安居乐业的重要物质基础,对于提高军人家庭的幸福指数具有重要意义。随着我国经济社会快速发展、国家城镇住房制度的改革,住房问题日益凸显。《军人地位和权益保障法》第三十五条专门规定了“住房待遇”，明确“国家采取军队保障、政府保障与市场配置相结合，实物保障与货币补贴相结合的方式，保障军人住房待遇。军人符合规定条件的，享受军队公寓住房或者安置住房保障。国家建立健全军人住房公积金制度和住房补贴制度。军人符合规定条件购买住房的，国家给予优惠政策支持”。

根据法律规定，军人住房保障的责任主体有军队、政府以及相关市场主体，保障方式为实物保障与货币补贴两种方式，其中实物保障的情形较为复杂，货币补贴主要有计领住房公积金、住房补贴、租房补助或房租补贴、物业服务补贴等。从军队建设实践来看，军人住房曾出现过房改房、集资房、安居工程、双拥房、自有住房、现有住房、军队经济适用房、统建房等不同阶段或不同性质的住房，有关房产的法律属性及调整政策较为复杂。常见的军人保障住房主要有以下类型：一是公寓房，包括集体宿舍、单身公寓和家庭公寓等。公寓房通常规划建设在军事管理区内，以保障现役军人以及符合条件的退役军人的住房需求。公寓房产权属于军队，被分配人员没有所有权，仅有居住权，只能由个人及家庭居住，不得出租出借，不得添建改建。二是军队房改房。此类房屋产生于 20 世纪 90 年代中后期，沿袭地方政府推动的住房制度改革政策下的公房出售模式，大部分属于原军队集中管理服务的干休所和地方政府管理服务的军休所。购买房改房的人员大多取得了房屋产权证，但能否进入市场交易还存在不同的情况。三是军队集资房，同样出现于 20 世纪 90 年代中后期，少数军队单位动员所属人员以建房概略的成本进行筹集资金共同建房，所建房屋供集资户使用，一般注明集资户有长期使用权。但由于土地属于部队，后来部分集资房被分化为军队经济适用房或垫资公寓房。四是军队经济适用住房。这是 1999 年军队住房制度改革后的产物，由军队征用土地或利用内部空余土地建设住房配售给符合条件的军队工作人员，购房人员可办理产权证，但由于土地性质的特殊性，此类房屋目前不能在市场上自由交易。与军队经适房类似的还有安居工程、双拥房以及军地联建住房等。五是军队统购商品房，这是某些军队单位为了解决军人住房问题，以单位名义组织团购商品房，军人可享受一定程度的价格优惠，还可使用住房补贴作为购房资金，购房成功后可办理房屋的产权证，也可自由上市交易。六是军队统建房。这是2015年国防和军队改革期间出台的住房安置政策，在某一地区或城市统一建设军队住房，按条件组织申报配售，住房性质参照经济适用房。统建房政策出台的目的之一是解决各单位军人住房保障苦乐不均的问题，让同一地域的军人住房保障水平大体相当。但现有统建房配售门槛较高，通常以退役或退休作为时间标准，不足以解决现役军人家庭的住房燃眉之急。

《军人地位和权益保障法》将军人住房保障权益上升到法律高度，必将推动军人住房保障待遇的提升和落实。下一步，需要跟随国家房地产改革特别是住房保障的步伐，依据民法典的物权规则，结合军人工作生活实际，建立健全军人住房保障规则，加大保障力度。事实上，有关部门也正在积极努力解决军人住房保障问题，比如加大统建房的建设力度，改革军人住房公积金的使用办法，提升公寓房的保障标准，等等。

三、医疗保障权益

医疗保障直接关系军人身心健康，事关部队练兵备战和间接影响部队练兵备战质效。《军人地位和权益保障法》第三十六条规定了军人的医疗待遇制度，明确“国家保障军人按照规定享受免费医疗和疾病预防、疗养、康复等待遇。军人在地方医疗机构就医所需费用，符合规定条件的，由军队保障”。《军人及军队相关人员医疗待遇保障暂行规定》《军事训练健康保护规定》等配套制度细化了军人医疗保障规则，让军人医疗保障权益得以落地生根。具体而言，我国军人的医疗保障权益主要有以下特点：

一是特定范围的免费医疗。军人在军队医疗范围内诊治，予以免费医疗保障；军人因战因公致伤以及参战期间所患疾病的诊治，可以使用军队医疗范围以外的诊疗项目、药品和医用耗材；超出军队医疗范围的药品或耗材，经收治军队医院组织专家会诊认定为治疗必需、疗效确切、无有效替代的，可予以免费医疗保障；特殊紧急情况下，军人可以就近就便到具备救治能力的地方公立医疗机构就医，经报告或批准后可在军队医疗范围内的费用予以报销。

二是军人优先就医。军人在军队医疗机构就医享受优先和就诊场所、病房条件等优待。从实践来看，军队医疗机构基本上都有醒目的“军人优先”标识或便捷的“军人优先通道”，相当一部分军队医院已经建立了供军人挂号、开药的楼层或科室，真正做到了“军人优先”。需要探讨的是军人在公立医疗机构就医优待问题，依据《军人地位和权益保障法》第五十一条的规定，公立医疗机构应当为军人就医提供优待服务，此处的“优待”该如何理解？是指优先还是优惠，还是二者兼有？实践中还有不同的认识，不同的公立医疗机构做法亦大相径庭，对此需要进一步细化规则、明确标准。

三是军人训练健康保护。“军无习练，百不当一；习而用之，一可当百。”[①]训练是提升军人战斗技术水平的基本途径，是生成部队战斗力的关键举措。近年来，全军部队聚力推进备战打仗，大力开展实战化军事训练，训练难度和强度不断加大，难免出现训练伤病问题，对军人训练健康保护提出了更高的要求。为此，经中央军委批准，中央军委后勤保障部、中央军委训练管理部联合印发了《军事训练健康保护规定》，专门就军事训练安全保护、军事训练卫生防护、军事训练伤医疗与康复、军事训练健康保护管理等作出规范。依据规定，军人在军事训练中可得到全程全维的健康保护。一方面，要通过科学训练防范或减少伤病问题的发生，另一方面，要在出现伤病问题后及时救治康复，切实保障军人的身体健康权益，推动战斗力的持续生成。[②]

① 诸葛亮：《诸葛亮将苑注译》，陕西人民出版社 1987 年版，第 74 页。

② 孙兴维、张鹏、郭文森：《中央军委后勤保障部、中央军委训练管理部印发〈军事训练健康保护规定〉》，《解放军报》2022 年 2 月 11 日。

第四节　军人保险权益

保险是现代社会保障制度的重要组成部分，也是风险管理的重要方法，具有强制性、互济性、社会性等基本特征。军人职业风险性高、奉献性强，要使军人群体老有所养、病有所医、伤亡有所偿，缓解军人的后顾之忧，就必须建立军人保险制度、维护军人保险权益。为应对军人面临的职业风险、社会风险及连带风险，根据《社会保险法》《军人保险法》《军人地位和权益保障法》等法律，我国确立了军人保险制度体系，赋予了军人若干保险权益，包括军人伤亡保险、退役养老保险、退役医疗保险、随军未就业的军人配偶保险等。

一、军人伤亡保险

军人伤亡保险是指国家通过设立伤亡保险基金，对死亡或伤残的军人或军属给予一定经济补偿的社会保障制度。军人伤亡保险最能体现军人职业特点，是世界各国军人保险的必设项目，只是称谓或细目略有不同，比如美国、日本称之为人寿保险，俄罗斯、法国称之为现役军人意外伤害保险，泰国称之为战争保险等。军人伤亡保险也是我军最先出台的军人保险项目，早在 1998 年就制定出台了《中国人民解放军军人伤亡保险暂行规定》，明确“中国人民解放军依照本规定设立军人伤亡保险基金，对因战、因公死亡或者致残的军人以及因病致残的义务兵给予经济补偿”。2012 年制定的《军人保险法》完善了军人伤亡保险制度，以法律的形式规定军人因战、因公死亡的，给付军人死亡保险金，军人因战、因公、因病致残的给予军人残疾保险金；明确军人伤亡保险所需资金由国家承担，个人不缴纳保险费；同时为了保障退役军人的保险权益，规定“已经评定残疾等级的因战、因公致残的军人退出现役参加工作后旧伤复发的，依法享受相应的工伤待遇”，使军人残疾保险制度与工伤保险制度衔接起来。

在确定军人伤亡保险待遇时，重点是对军人死亡和残疾的性质认定以及残疾等级评定。性质认定主要运用因果关系理论，对死亡或残疾的原因作出符合事理、法理和情理的结论。

何为“因战”？这首先涉及“战时”概念的认定，目前“战时”的法定概念来自刑法。刑法第十章在规定军人违反职责罪时首先对“战时”下了定义，《刑法》第四百五十一条规定：“本章所称战时，是指国家宣布进入战争状态、部队受领作战任务或者遭敌突然袭击时。部队执行戒严任务或者处置突发性暴力事件时，以战时论。”据此，战时包括以下四类情形：一是国家宣布进入战争状态。根据《宪法》规定，全国人民代表大会决定战争问题。在国家遭受武装侵犯或者必须履行国际间共同防止侵略的条约的情况下，全国人民代表大会常务委员会有权宣布进入战争状态。二是部队受领作战任务时。三是部队遭敌突然袭击时。四是部队执行戒严任务或者处置突发性暴力事件时。如果军人在上述情形下执行任务牺牲或伤残的，应当认定为因战死亡或致残。

何为“因公”？依据《军人抚恤优待条例》第九条规定：“现役军人死亡，符合下列情形之一的，确认为因公牺牲：(一)在执行任务中或者在上下班途中，由于意外事件死亡的；(二)被认定为因战、因公致残后因旧伤复发死亡的；(三)因患职业病死亡的；(四)在执行任务中或者在工作岗位上因病猝然死亡，或者因医疗事故死亡的；(五)其他因公死亡的。现役军人在执行对敌作战、边海防执勤或者抢险救灾以外的其他任务中失踪，经法定程序宣告死亡的，按照因公牺牲对待。”与此同理，军人在上述情形下导致残疾的，应认定为因公致残。

何为“因病”？是指患因公疾病之外的疾病的，均认定为因病。而患职业病、任务中或岗位上突发疾病、医病事故均被认定为因公。

残疾等级的评定，根据劳动功能障碍程度和生活自理障碍程度确定，由重到轻分为一级至十级。残疾等级的具体评定标准由国务院退役军人事务部门、人力资源社会保障部门、卫生部门会同军队有关部门规定。残疾等级的评定程序参见后文有关残疾抚恤的论述。

需要说明的是，军人在服役期间伤亡后，除了享受保险金之外，还依法享受有关抚恤待遇，对军人实行保险加抚恤的双重保障，充分体现了党和国家对军队的关怀和对军人的厚爱。

二、军人退役养老保险

养老保险是社会保障制度的重要组成部分，是社会保险五大险种最重要的险种之一，其目的是保障老年人的基本生活需求，为其提供稳定可靠的生活来源。军人同样面临老龄问题，而且绝大多数军人终将回归社会，因此建立科学公正的军人退役养老保险制度至关重要。

《军人保险法》第十三条规定："军人退出现役参加社会基本养老保险的，国家给予退役养老保险补助。"此处所讲的基本养老保险包括职工基本养老保险、城镇居民社会养老保险、新型农村社会养老保险。意味着只要军人退役时参加上述三类保险的，将获得养老保险补助。军人退役养老保险补助标准按照国家规定的基本养老保险缴费标准、军人工资水平等因素拟订，补助方式是将军龄进行资金量化，将军龄视同参加基本养老保险缴费年限的延续。退役养老保险补助制度，解决了以前军人退役养老保险只带政策不带钱的问题。在《军人保险法》出台之前，军人退役养老所需资金由地方财政负担，导致各地对"视同缴费年限"的政策有差异，有的地方甚至损害了退役军人的养老保险权益。国家实行军人退役养老保险补助后，军人退役时参加基本养老保险既带政策又带钱，解决了政策落实不力的问题，有力维护了军人退役后的养老保险权益。

根据军人退役安置的方式不同，规定了不同类型的退役养老保险衔接制度。军人退出现役后参加职工养老保险的，由军队财务部门将军人退役养老保险关系和相应资金转入地方社会保险经办机构，军人服现役年限与入伍前和退出现役后参加职工养老保险的缴费年限合并计算。军人退出现役后参加新型农村社会养老保险或者城镇居民社会养老保险的,按照国家有关规定办理转移接续手续。

军人退出现役后到公务员岗位或参照公务员法管理的工作人员岗位的,以及自主择业的,其养老保险办法按照国家有关规定执行。军人退出现役采取退休方式安置的,其养老办法按照国务院和中央军事委员会的有关规定执行。

三、军人退役医疗保险

医疗保险是指以保险合同约定的医疗行为的发生为给付保险金条件,为被保险人接受诊疗期间的医疗费用支出提供保障的保险。医疗保险同样具有风险转移和补偿转移的保险功能,即把个体因疾病风险所致的经济损失分摊给所有受同样风险威胁的成员,用集中起来的医疗保险基金来补偿由疾病导致的经济损失。军人在服役期间可享受免费医疗,退役之后则需要通过国家医疗保险制度来应对疾病风险。

军人退役医疗保险制度自 2000 年 1 月 1 日开始建立,最初的依据是国务院和中央军委联合制定的《中国人民解放军军人退役医疗保险暂行办法》。经过十余年实践之后,《军人保险法》将军人退役医疗保险上升为法律制度,顺应了国家医疗保险改革的需要,解决了军地医疗保险制度相互衔接的问题,确保军人退出现役后能够享受相应的医疗保险待遇。由于国家实行的基本医疗保险制度主要包括职工基本医疗保险、城镇居民基本医疗保险、新型农村合作医疗等类型,《军人保险法》对军人退役后参加这三类医疗保险的衔接问题分别进行了规范。特别是对参加职工医疗保险的规定,有利于退役军人在地方退休后继续享受医疗保险待遇。因为依据《社会保险法》第二十七条的规定,参加职工基本医疗保险的个人,累计缴费达到国家规定年限的方可按照国家规定享受基本医疗保险待遇,未达到国家规定年限的,可以缴费至国家规定年限。《军人保险法》第二十三条规定:“军人服现役年限视同职工基本医疗保险缴费年限,与入伍前和退出现役后参加职工基本医疗保险的缴费年限合并计算。”这样规定有利于减轻军人退役后的缴费负担。

四、随军未就业的军人配偶保险

军人配偶守护着军人的小家和后院，军人则守护着国家和人民，可以说，军人配偶是军人安心服役、献身国防的坚强后盾，是为国防和军队建设作出奉献牺牲的特殊群体。由于大部分部队驻地偏远，特别是驻守在高原海岛、丛林峡谷、戈壁荒漠、边防一线等艰苦边远地区的部队，自然环境艰苦、社会环境有限，一些军人配偶随军后长期处于失业状态。即使驻在城镇的部队，由于军人职业的流动性强，军人家属随之奔波的现象也很常见，同样存在就业难的问题。因此建立随军未就业军人配偶保险制度十分必要。

经国务院、中央军委批准，自 2004 年 1 月 1 日开始施行随军未就业的军人配偶保险制度。在总结实践经验的基础上，2012 年制定的《军人保险法》将其上升为法律制度。依据法律规定，国家为随军未就业的军人配偶建立养老保险、医疗保险等。随军未就业的军人配偶随军前已经参加社会保险的，由地方社会保险经办机构和军队财务部门办理保险关系转移接续手续。随军未就业的军人配偶实现就业或者军人退出现役时，由军队财务部门将其养老保险、医疗保险关系和相应资金转入地方社会保险经办机构。军人配偶在随军未就业期间的养老保险、医疗保险缴费年限与其在地方参加职工基本养老保险、职工基本医疗保险的缴费年限合并计算。

第五节　军人抚恤权益

军人抚恤权益是指国家对死亡军人遗属或残疾军人发放相应证书和抚恤金而实施的精神安抚和物质体恤，分为军人死亡抚恤和军人残疾抚恤两大类。

一、军人死亡抚恤

军人死亡抚恤分为三种情况，即烈士抚恤、因公牺牲抚恤和病故抚恤，抚恤对象为军人遗属。死亡抚恤的程序为：发生军人死亡的事实后，由军队有权机关认定死亡性质，由退役军人事务部门依据死亡定性向遗属发放相应证书和抚恤金等，军队也可视情况发放一次性特别抚恤金。

烈士的认定通常分为七种情况：(1)对敌作战死亡，或者对敌作战负伤在医疗终结前因伤死亡的；(2)因执行任务遭敌人或者犯罪分子杀害，或者被俘、被捕后不屈遭敌人杀害或者被折磨致死的；(3)为抢救和保护国家财产、人民生命财产或者执行反恐怖任务和处置突发事件死亡的；(4)因执行军事演习、战备航行飞行、空降和导弹发射训练、试航试飞任务以及参加武器装备科研试验死亡的；(5)在执行外交任务或者国家派遣的对外援助、维持国际和平任务中牺牲的；(6)其他死难情节特别突出，堪为楷模的；(7)现役军人在执行对敌作战、边海防执勤或者抢险救灾任务中失踪，经法定程序宣告死亡的，按照烈士对待。根据任务和情节的不同，规定了不同的烈士认定权限，属于因战死亡的，由军队团级以上单位政治机关批准；属于非因战死亡的，由军队军级以上单位政治机关批准；属于其他死难情节特别突出，堪为楷模的，由中央军委政治工作部批准。现役军人死亡被批准为烈士的，由县级人民政府退役军人事务部门发给《中华人民共和国烈士证明书》；依照《烈士褒扬条例》的规定发给烈士遗属烈士褒扬金；依据《军人抚恤优待条例》发放一次性抚恤金，抚恤金标准为上一年度全国城镇居民人均可支配收入的 20 倍加本人 40 个月的工资(月工资或者津贴低于排职少尉军官工资标准的，按照排职少尉军官工资标准计算)。立功受奖的死亡军人，可按荣誉层级增发相应比例的一次性抚恤金。符合条件的烈士遗属，还可领取定期抚恤金。

因公牺牲的抚恤认定情形与因公死亡的保险认定应当保持一致的标准，主要有以下几种情形：(1)在执行任务中或者在上下班途中，由于意外事件死亡的;(2)被认定为因战、因公致残后因旧伤复发死亡的;(3)因患职业病死亡的;(4)在执行任务中或者在工作岗位上因病猝然死亡,或者因医疗事故死亡的;(5)其他因公死亡的。现役军人在执行对敌作战、边海防执勤或者抢险救灾以外的其他任务中失踪,经法定程序宣告死亡的,按照因公牺牲对待。现役军人因公牺牲,由军队团级以上单位政治机关确认;属于第五项规定情形即其他因公死亡的,由军队军级以上单位政治机关确认。对因公牺牲军人遗属,由县级人民政府退役军人事务部门发给《中华人民共和国军人因公牺牲证明书》,并发放一次性抚恤金,其发放标准、增发比例与烈士遗属抚恤金的规定相同。符合条件的因公牺牲军人遗属也可领取定期抚恤金。

病故的认定,除患职业病、任务中或岗位上突发疾病、医病事故等因公疾病之外,因其他疾病死亡的,均确认为病故。另外,现役军人非执行任务死亡或者失踪,经法定程序宣告死亡的,按照病故对待。现役军人病故,由军队团级以上单位政治机关确认。对病故军人遗属,由县级人民政府退役军人事务部门发给《中华人民共和国军人病故证明书》,并发放一次性抚恤金,标准是上一年度全国城镇居民人均可支配收入的 2 倍加本人 40 个月的工资(月工资或者津贴低于排职少尉军官工资标准的,按照排职少尉军官工资标准计算)。一次性抚恤金的增发条件和比例同烈士和因公牺牲军人的规定。符合条件的病故军人遗属也可领取定期抚恤金。

一次性抚恤金发给烈士、因公牺牲军人、病故军人的父母(抚养人)、配偶、子女;没有父母(抚养人)、配偶、子女的,发给未满 18 周岁的兄弟姐妹和已满 18 周岁但无生活费来源且由该军人生前供养的兄弟姐妹。除此之外,对生前作出特殊贡献的烈士、因公牺牲军人、病故军人,除按照《军人抚恤优待条例》规定发给其遗属一次性抚恤金外,军队可以按照有关规定发给其遗属一次性特别抚恤金。

二、军人残疾抚恤

军人残疾抚恤分为因战致残抚恤、因公致残抚恤或者因病致残抚恤三种情形。

实施残疾抚恤的前提是对残疾原因的认定和对残疾等级的评定。这涉及认定评定的机构及权限、认定评定的依据、标准及程序等问题。

(一) 残疾认定评定的机构及权限

《军人抚恤优待条例》对致残性质的认定和残疾等级的评定机构及权限作出了分类规定,对于义务兵和初级士官的残疾,由军队军级以上单位卫生部门认定和评定;对于现役军官和中级以上士官的残疾,由军队战区级以上单位卫生部门认定和评定;对于退出现役的军人和移交政府安置的军队离休、退休干部需要认定残疾性质和评定残疾等级的,由省级人民政府退役军人事务部门认定和评定。评定残疾等级,应当依据医疗卫生专家小组出具的残疾等级医学鉴定意见。残疾军人由认定残疾性质和评定残疾等级的机关发给《中华人民共和国残疾军人证》。

(二) 认定残疾性质的依据及标准

认定残疾性质的依据是《军人抚恤优待条例》,因条例第八条第一款规定的情形之一导致残疾的,认定为因战致残;因条例第九条第一款规定的情形之一导致残疾的,认定为因公致残;义务兵和初级士官因条例第九条第一款第三项、第四项规定情形以外的疾病导致残疾的,认定为因病致残。具体而言,因战致残的情形有:(1)对敌作战致残;(2)因执行任务遭敌人或者犯罪分子伤害致残;(3)为抢救和保护国家财产、人民生命财产或者执行反恐怖任务和处置突发事件致残;(4)因执行军事演习、战备航行飞行、空降和导弹发射训练、试航试飞任务以及参加武器装备科研试验致残;(5)在执行外交任务或者国家派遣的对外援助、维持国际和平任务中致残;(6)其他致残情节特别突出,堪为楷模的。因公致残的情形有:(1)在执行任务中或者在上下班途中,由于意外事件致残的;(2)因患职业病致残的;(3)在执行任务中或者在工作岗位上因病致残,或者因医疗事故致残的;(4)其他因公致残的。除因患职业病、在执行任务中或者在工作岗位上突发疾病以及医疗事故致残,评定为因公致残以外,义务兵和初级士官因其他疾病导致残疾的,认定为因病致残。需要说明的是,因病致残的认定对象仅限于义务兵和初级士官,而现役军官和中级以上士官未纳入因病致残评定范围。《军人抚恤优待条例》之所以作出如此规定,主要是基于如下考虑:"由于初级士官服役期间的待遇及退出现役的办法与义务兵基本一致,在服役期间医疗保障水平比较低,因此,通过评定病残的办法可以保障这部分人的基本生活。而中级以上士官退出现役后作转业安置或退休安置,在部队服役期间他们与现役军官一样在生活和医疗上有基本保障,因此不再享受病残军人待遇。"①

(三)评定残疾等级的依据、标准及程序

评定残疾等级的规范依据主要有《军人抚恤优待条例》《军人残疾等级评定标准》《军人残疾等级评定管理办法》等。按照规定,军人残疾的等级,根据劳动功能障碍程度和生活自理障碍程度确定,由重到轻分为一级至十级。现役军人因战、因公致残,医疗终结后符合评定残疾等级条件的,应当评定残疾等级。义务兵和初级士官因病致残符合评定残疾等级条件,本人(精神病患者由其利害关系人)提出申请的,也应当评定残疾等级。

评定残疾等级的程序如下。第一步:申请。由符合评定残疾等级条件的军人(精神病患者由其利害关系人)向所在团以上单位卫生部门提出评定残疾等级的申请。申请材料包括团级以上单位政治机关出具的致伤(病)性质、原因、经过等材料,门诊病历、住院病历首页、入院记录、手术记录、出院小结和相关检查结果等复印件,个人近期彩色免冠照片等。若系因医疗事故致残的,还需提交军队有关医学会出具的医疗事故技术鉴定结论。第二步:初审及申报。团级以上单位卫生部门受理军人残疾等级

① 孙绍聘:《新修订的〈军人抚恤优待条例〉问答》,《西南民兵》2004年12月5日。

申请后进行初审，并填写《军人残疾等级评定表》，连同个人申请材料，按照后勤供应关系，向上一级卫生部门申报。第三步：复审及鉴定。师级以上单位卫生部门受理残疾等级评定申请后应当进行复审，并组织残情医学鉴定。残情医学鉴定由申请残疾等级评定的人员所在的体系医院承担，精神病、尘肺病、放射病、航空病、减压病、推进剂中毒等特殊疾病的残情医学鉴定由指定医院承担。医院设立残情医学鉴定办公室，并抽组成立残情医学鉴定小组全面客观地作出鉴定结论，确定残疾等级，填写《军人残疾等级评定表》中相关内容。残情医学鉴定结论须经残情医学鉴定小组成员签字、残情医学鉴定办公室审核、加盖医院残情医学鉴定办公室印章后生效。第四步：审批。经残情医学鉴定，符合残疾等级评定条件的，义务兵和初级士官由军级以上单位卫生部门审批；现役军官和中级以上士官由战区级以上单位卫生部门审批。军级以上单位卫生部门对通过残疾等级评定的人员，发给《残疾军人证》。

（四）军人残疾抚恤标准

因战、因公致残，残疾等级被评定为一级至十级的，享受抚恤；因病致残，残疾等级被评定为一级至六级的，享受抚恤。退出现役的残疾军人，按照残疾等级享受残疾抚恤金。残疾抚恤金由县级人民政府退役军人事务部门发给。因工作需要继续服现役的残疾军人，经军队军级以上单位批准，由所在部队按照规定发给残疾抚恤金。残疾军人的抚恤金标准应当参照全国职工平均工资水平确定。残疾抚恤金的标准以及一级至十级残疾军人享受残疾抚恤金的具体办法，由国务院退役军人事务部门会同国务院财政部门规定。县级以上地方人民政府对依靠残疾抚恤金生活仍有困难的残疾军人，可以增发残疾抚恤金或者采取其他方式予以补助，保障其生活不低于当地的平均生活水平。

退出现役的一级至四级残疾军人，由国家供养终身；其中，对需要长年医疗或者独身一人不便分散安置的，经省级人民政府退役军人事务部门批准，可以集中供养。对分散安置的一级至四级残疾军人发给护理费，护理费的标准为:(1)因战、因公一级和二级残疾的,为当地职工月平均工资的50%;(2)因战、因公三级和四级残疾的,为当地职工月平均工资的40%;(3)因病一级至四级残疾的,为当地职工月平均工资的30%。退出现役的残疾军人的护理费,由县级以上地方人民政府退役军人事务部门发给;未退出现役的残疾军人的护理费,经军队军级以上单位批准,由所在部队发给。残疾军人需要配制假肢、代步三轮车等辅助器械,正在服现役的,由军队军级以上单位负责解决;退出现役的,由省级人民政府退役军人事务部门负责解决。

第六节　军人优待权益

军人优待权益是指国家给予现役军人在政治、经济和社会生活等方面的从优待遇,包括军人优惠和军人优先两大方面。由于军人优惠主要是从经济层面、社会保障层面提出的,涉及的主要是公共财政收支问题,与其他公民个体之间不存在序位问题,社会大众容易理解和接受。而军人优先权益涉及军人与其他公民的关系,可能引发个体之间的权利冲突,因此,探究其中的法理问题显得尤为重要,唯此才能增强社会大众对军人优先权益的理解、认同、支持和维护。因此,下文将对军人优先权益作为一项单独的权益进行研究,此处仅阐述具有优惠性质的军人优待权益。

依据《国防法》《兵役法》《军人地位和权益保障法》《军人抚恤优待条例》等规定,军人优待项目涉及医疗保健、生活福利、公共交通、公共场馆与设施使用、报考公务员、考学、住房等多个方面,跨越多个公共政策领域,具有鲜明的多元化特征。典型的军人优待权益主要包括以下几类:

一、乘坐市内公共交通工具优待

军人乘坐市内公共交通工具享受优待的权益经历了一段发展历程,最终实现了从"优待"到"免费"、从局部到全国的跨越。《军人抚恤优待条例》早有规定："现役军人凭有效证件乘坐市内公共汽车、电车和轨道交通工具享受优待，具体办法由有关城市人民政府规定。残疾军人凭《中华人民共和国残疾军人证》免费乘坐市内公共汽车、电车和轨道交通工具。"《军人抚恤优待条例》对于现役军人乘坐市内公共交通工具该如何享受优待进行了授权性规定，具体如何操作取决于有关城市的政府规定；对于残疾军人免费乘坐市内公共交通工具则属于法定权利，各地都有强制落实的义务。2020年，退役军人事务部与中央宣传部、国家发展改革委等20个部门联合印发了《关于加强军人军属、退役军人和其他优抚对象优待工作的意见》，明确提出"现役军人、残疾军人免费乘坐市内公共汽车、电车和轨道交通工具"。此前，对于现役军人是否有权免费乘坐市内公共交通工具，各地政策不一，比如武汉、南京等地已实行免费政策多年，而有的城市并无免费的政策规定。前述《意见》出台后，有的城市及时跟进，加大了对现役军人的优待力度。比如，2021年3月，上海市拥军优属拥政爱民工作领导小组办公室在吸纳合理意见建议的基础上，印发了《关于贯彻落实现役军人免费乘坐本市公共交通工具的通知》，明确："自2021年4月1日起，现役军人以及部队文职人员（非现役）凭有效证件免费乘坐本市公共交通工具。"此举获得了广泛的积极评价，产生了良好的政治效果和社会效果。2021年8月1日施行的《军人地位和权益保障法》，将实践中的成功经验上升为法律制度，该法第五十七条第二款规定，"军人免费乘坐市内公共汽车、电车、轮渡和轨道交通工具"。自此，军人免费乘坐市内公共交通工具的权利成为了法定权利。

二、参观游览特定场所享受优待

《军人抚恤优待条例》规定："现役军人、残疾军人有效证件参观游览公园、博物馆、名胜古迹享受优待，具体办法由公园、博物馆、名胜古迹管理单位所在地的县级以上地方人民政府规定。"《退役军人事务部等20个部门关于加强军人军属、退役军人和其他优抚对象优待工作的意见》明确:“博物馆、纪念馆、美术馆等公共文化设施和实行政府定价或指导价管理的公园、展览馆、名胜古迹、景区,对现役军人、残疾军人、‘三属’、现役军人家属按规定提供减免门票等优待。”《军人地位和权益保障法》第五十七条第一款规定,“军人、军人家属和烈士、因公牺牲军人、病故军人的遗属享受参观游览公园、博物馆、纪念馆、展览馆、名胜古迹以及文化和旅游等方面的优先、优惠服务”。从全国的实践来看,绝大多数公共文化场馆或景区对军人实行全免政策,也有少部分场所给予一定折扣的优惠。

三、残疾军人特殊优待

残疾军人购票乘坐境内运行的火车、轮船、长途公共汽车以及民航班机,享受减收正常票价50%的优待。在国家机关、社会团体、企业事业单位工作的残疾军人,享受与所在单位工伤人员同等的生活福利和医疗待遇。所在单位不得因其残疾将其辞退、解聘或者解除劳动关系。残疾军人享受医疗优惠待遇,具体办法由省、自治区、直辖市人民政府规定。

四、义务兵及军士专项优待

义务兵服现役期间,其家庭由当地人民政府发给优待金或者给予其他优待,优待标准不低于当地平均生活水平。义务兵和军士入伍前是国家机关、社会团体、企业事业单位职工(含合同制人员)的,退出现役后,可以选择复工复职,并享受不低于本单位同岗位(工种)、同工龄职工的各项待遇。义务兵和军士入伍前依法取得的农村土地承包经营权,服现役期间应当保留;服现役期间,除依照国家有关规定和承包合同的约定缴纳有关税费外,免除其他负担。义务兵从部队发出的平信,免费邮递。

第七节 军人优先权益

军人优先权益是一种特殊的优待权益,指军人在处置事务或行使权利时可放在他人或他事之前，享有时间或序位上的优待。常见的军人优先权益包括交通出行优先、司法救济优先、入学就业（考公）优先、医疗优先等。下文重点探讨军人优先权益的法理依据、法定类型、实现条件和救济途径等内容。

一、军人优先权益的法理基础

由于军人优先权益涉及他人与他事，难免引起权利的冲突或相关权利人的质疑，因此对其正当性进行研究和宣传很有必要。实践中，军人优先权的行使并非一帆风顺，有时会遇到质疑。少数地方交通站点、营业网点、医疗服务等行业中“军人优先”落实不到位给军人带来的种种尴尬，让大家宁愿选择“弃优”，也不愿“被照顾”。①

还有人公开撰文指出：“军人的付出值得我们尊重，但是优先特权本身违背了公平正义的原则，也违反了秩序社会的准则。军人是保家卫国的战士，更应该成为社会秩序的守护者，而不是凭借自己的身份破坏社会秩序，获得不合理的优待。”②当然，也有支持军人优先的观点，比如律师李淑贤指出，“近一段时间，军人优先购票与军人冲在抗洪抢险前线成为人们热议的话题，前者引起一片哗然，后者迎来阵阵掌声。这两种截然不同的反应，表面上反映的是军人社会地位的下降，实际上折射出的是部分人法律意识的淡薄”。③盛建伟指出：“有人却对军人进行‘道德绑架’，将‘军人优先’这一国家法规赋予军人的权益看成是‘与民争利’，这充分反映了少数民众国防意识淡化，应当引起全社会的思考和关注。”④由此可见，军人优先尽管已有法律的明确规定，但并非一个不证自明、毫无争议的话题，要让“军人优先”深入人心，成为社会共识和群体自觉还需要加强理论研究、阐释和宣传。那么，“军人优先权”的正当性、必要性何在呢？

---

① 奉雷、宋海军、余俊成：《如何化解军人优待落实之忧》，《解放军报》2015 年 8 月 4 日。
② 谢春乾：《“军人优先”应以公平为前提》，《雷锋》2016 年第 8 期。
③ 李淑贤：《“军人优先”有法可依》，《雷锋》2016 年第 8 期。
④ 盛建伟：《“军人优先”反映国防意识》，《雷锋》2016 年第 8 期。

法律为何要赋予“军人优先权”？马克思指出，“法的关系正像国家的形式一样，既不能从它们本身来理解，也不能从人类的一般发展来理解，相反，它们根源于物质的生活关系”。[①]同样的道理，法律赋予军人优先权，并非横空出世的制度创新，而是有深刻的社会现实基础和独特的功能及价值。

（一）“军人优先”具有激发荣誉的功能，是提升军人职业尊崇感、吸引力的现实需要

军人优先体现的是对军人职业的尊崇，是军人社会地位的重要体现。而对军人职业的认同和尊崇，不仅关乎军人个体权益，而且关系国家安危、民族存亡。唯有军队和军人受到尊重，国家才有力量和保障。这一点已被实践所证明，也为许多领袖人物或经典作家所阐明。正如拿破仑所言：“如果一个国家的军人还不如商人受人敬仰，那么这个国家离亡国就不远了。”[②]而投身拿破仑军队的著名军事理论家约米尼则进一步阐释：“如果在一个国家里，那些牺牲生命、健康和财产去保卫祖国的勇士们，其社会地位，还不如大腹便便的商贾，那么这个国家的灭亡，就一点都不冤枉。”[③]斯大林指出：“一个在军人待遇上精打细算的国家，是在为下次战争赔款做准备。国家假装关心军人，军人也将假装保卫国家。”[④]毛泽东同志从革命战争实践中总结到：“没有一个人民的军队，便没有人民的一切。”[⑤]习近平主席多次强调，“绝不让英雄流血又流泪”“让军人成为社会最尊崇的职业”。诚然，让军人成为全社会最尊崇的职业，是一项系统工程，涉及多个领域、多个方面，而依法保障军人优先权益是最直接、最显性的一种方式，其辐射面广，影响深远，是带动全社会拥军的最有力抓手。同时，在一些人流量大的场所设置军人依法优先窗口、标识或绿色通道，具有公益广告的效应，有利于形成爱军精武、热爱国防的社会风尚，对于

① 马克思、恩格斯：《马克思恩格斯全集（第2卷）》，人民出版社1961年版，第82页。

②④ 《为有源头活水来——怎么看建立增强军人职业荣誉感自豪感的政策制度体系》，《解放军报》2016年12月6日。

③ ［瑞士］约米尼：《战争艺术》，钮先钟译，广西师范大学出版社2003年版，第40页。

⑤ 《毛泽东选集（第3卷）》，人民出版社1991年版，第1074页。

解决一些地方“当兵冷”“征兵难”的问题具有重要引导意义。

（二）“军人优先”兼顾了个人应得与社会公平，符合复合正义的要求

从表象上看，军人优先似乎打破了平等规则，不符合公平正义的形式要求。但是，公平正义不仅要看形式上的平等性，还要看实质上的合理性，公正不是平均，公正也不是相等。事实上，公正的内涵正随着人类社会的进步而发展，在社会基础、评判标准、设定依据等方面不断变化，正如有学者所言，“法律上的公正观经历了从个人应得、社会公平到复合正义的历史流变。在现代社会，既要防止极端个人主义之下的个人应得观，也要防范社会公平观的过度扩张，而复合正义理论作为现代法律公正的基准，有助于保障二者实现真正的融合”。①法律赋予军人优先权益恰恰是复合正义观的体现。一方面，从个人应得角度看，军人优先权是对军人奉献的认可、对军人功绩的褒扬，是军人履行特殊使命的一种补偿。军人抵御外敌在先、卫国戍边在先、海上维权在先、反恐维稳在先、抢险救灾在先、见义勇为在先……在一切急难险重任务面前，军人都挺身而出，一马当先，履行了若干优先的义务，因此，在某些方面赋予军人一定的优先权益符合权利义务一致性原理，也可以说是军人应得的一种待遇。另一方面，对军人赋予优先权兼顾了社会公平，顾及了社会均衡与弱者保护。社会公平观是以“社会”作为基点而不再是以“个人”作为主体的法律公正观，现代的社会公平观特别强调对弱者的倾斜保护。②在常人的眼里，能与强敌作战的军人理应属于强者，与弱者扯不上关系，但在社会生活的某些领域，军人确实处于弱势地位。比如，当军人亲属合法权益受到侵犯时，军人在异地他乡执行任务，通常难以参与维权事务，即使能批假处理，其时间也十分有限。因此，赋予军人司法救济优先权十分必要。需要说明的是，“军人优先”具有法定性和边界性，对他人权利的影响控制在合理的范围之内，顾及了社会均衡，并不违反法治原则。比如，对军人司法救

①② 胡玉鸿:《从个人应得、社会公平到复合正义——法律公正观的历史流变》,《求索》2021 年第 5 期。

济优先，仅体现在优先立案、审理和执行等程序上，而对于案件的实质裁判，必须遵守基本的司法原则，以事实为依据，以法律为准绳，军人并无特权。

（三）“军人优先”具有现实必要性，是军人执行急难险重任务的重要保障

依据宪法和法律规定，军人肩负着捍卫国家主权、安全、发展利益与保卫人民和平劳动的神圣职责和崇高使命。军人承担的任务大多具有急难险重的特点，必须要靠严明的纪律和过硬的作风予以保障，正所谓“军人以服从命令为天职”，有令必行、有禁必止。在平时，军人要执行抢险救灾、抗疫救灾、驻训演习、反恐维稳、边境管控、国际维和等任务，一旦收到上级命令，在外的军人必须立即停止出差、休假、探亲，以最快的速度返回单位。作为受领任务的部队单位，必须快速调动兵力，按时到达集结地域。赋予军人优先权，无疑具有重要的现实意义。在战时，部队的集结机动速度则是打赢战争的重要因素，军人务必雷厉风行，反应迅速，唯此才能抓住战机，克敌制胜，在此情况下，军人的优先权显得更为必要和紧迫。

二、军人优先权的法定类型

军人优先权是一种法定权利，来源于法律法规的授权。赋予军人优先权的法律法规主要有：《国防法》《兵役法》《军人地位和权益保障法》《国防交通法》《军人抚恤优待条例》等。根据规定，军人优先权益主要包括以下类型：

（一）交通出行优先权

《国防法》第五十四条规定：“车站、港口、机场、道路等交通设施的管理、运营单位应当为军人和军用车辆、船舶的通行提供优先服务，按照规定给予优待。”《国防法》主要是从维护国防利益和军事利益角度，赋予了军人以及军用车辆、船舶的优先通行权。《兵役法》第四十九条对军人优先出行权作了概括性规定，明确“军人按照国家有关规定，在医疗、金融、

交通、参观游览、法律服务、文化体育设施服务、邮政服务等方面享受优待政策”。《军人地位和权益保障法》第五十七条规定：“军人和烈士、因公牺牲军人、病故军人的遗属，以及与其随同出行的家属，乘坐境内运行的火车、轮船、长途公共汽车以及民航班机享受优先购票、优先乘车（船、机）等服务，残疾军人享受票价优惠。”《军人地位和权益保障法》对军人优先出行权益作了细化和延伸规定，惠及烈士、因公牺牲军人、病故军人的遗属，以及与军人随同出行的家属。《军人抚恤优待条例》第三十六条规定：“现役军人凭有效证件、残疾军人凭《中华人民共和国残疾军人证》优先购票乘坐境内运行的火车、轮船、长途公共汽车以及民航班机。”

（二）司法救济优先权

司法救济优先权在长期的司法实践中谨慎摸索、逐渐拓展，在内容上从“及时”救济逐渐发展到“优先”救济，在依据上从规范性文件逐渐发展到法律制度。2000 年，最高人民法院和解放军原总政治部联合发布了《关于认真处理涉军纠纷和案件切实维护国防利益和军人军属合法权益的意见》，指出：“人民法院办理涉军案件，要坚持审判质量与审判效率相统一，法律效果与社会效果相统一，平等保护诉讼当事人的合法权益，切实维护司法公正。要充分考虑涉军案件的特点，在法定时限内，及时立案、及时审理、及时审结、及时执行，切实维护国防利益和军人军属的合法权益。”此文件的标题有一个关键词为“认真处理”，文件内容的主要精神是以维护司法公正为主导，平等保护诉讼当事人的合法权益，同时对涉军案件要及时立案、审理、审结及执行。在总结十年的司法实践经验之后，2010 年，最高人民法院发布了《关于进一步加强人民法院涉军案件审判工作的通知》（法[2010]254 号），首次将“及时”变成了“优先”，要求畅通诉讼绿色通道，明确“涉军案件要做到优先立案、优先审结、优先执行，尽快消除因涉军纠纷案件给部队建设带来的消极影响”。还要求“在立案大厅设立涉军案件立案窗口，引导当事人理性对待诉讼，合理选择纠纷解决方式，提高部队和军人军属依法诉讼的能力”。这些内容也呼应了文件标题所定的“加强”之意图。至此，司法实践中开启了涉军案件优先处理的征程。2014 年 4 月，中央政法委与原总政治部联合印发《关于加强维护国防利益和军人军属合法权益工作的意见》，指出：“政法机关要开辟‘绿色通道’，依法对涉军纠纷和案件优先立案、优先办理、优先结案、优先执行，尤其对执行重大军事行动任务部队官兵及家庭遇到的涉法问题，要急事急办、特事特办，及时解除官兵后顾之忧。”2014 年 10 月，最高人民法院发布了《关于进一步发挥职能作用维护国防利益和军人军属合法权益的意见》（法[2014]271 号），重申了保障诉讼绿色通道畅通的要求，明确“坚持按照优先立案、优先审结、优先执行的原则，确保涉军案件得到优质高效的审理和执行”。据此，对涉军纠纷和案件进行优先处置已成为司法机关的共识和普遍做法，为下一步的立法工作奠定了实践基础。

2021 年，《军人地位和权益保障法》的出台，将军人的司法救济优先权上升为法定权利。该法第六十条规定：“军人、军人家属和烈士、因公牺牲军人、病故军人遗属的合法权益受到侵害的，有权向有关国家机关和军队单位提出申诉、控告。负责受理的国家机关和军队单位，应当依法及时处理，不得推诿、拖延。依法向人民法院提起诉讼的，人民法院应当优先立案、审理和执行，人民检察院可以支持起诉。”该法第六十一条规定：“军人、军人家属和烈士、因公牺牲军人、病故军人的遗属维护合法权益遇到困难的，法律援助机构应当依法优先提供法律援助，司法机关应当依法优先提供司法救助。”这一规定拓展了军人司法救济优先权的内涵和外延，将优先提供法律援助、优先提供司法救助纳入其中。为了贯彻《军人地位和权益保障法》的相关规定，2022 年 2 月中央政法委员会和中央军委政法委员会联合印发的《关于新时代维护国防利益和军人军属合法权益的意见》（中政委[2022]20 号），再次要求各级人民法院畅通优先立案、优先办理、优先结案、优先执行“绿色通道”，依法高效审理执行涉军案件、调处涉军纠纷。

(三)入学就业优先权

入学就业优先权是对军人退出现役后在考学、就业等方面的优待,侧重于对退役军人长远规划、后续发展的关怀。《退役军人保障法》第四十二条规定:“机关、群团组织、事业单位和国有企业在招录或者招聘人员时,对退役军人的年龄和学历条件可以适当放宽,同等条件下优先招录、招聘退役军人。退役的军士和义务兵服现役经历视为基层工作经历。”《退役军人保障法》第四十三条规定:“军队文职人员岗位、国防教育机构岗位等,应当优先选用符合条件的退役军人。”《军人抚恤优待条例》第三十九条规定:“义务兵和初级士官退出现役后,报考国家公务员、高等学校和中等职业学校,在与其他考生同等条件下优先录取。”

根据法律法规的规定,军人入学就业优先权有以下构成要件:一是时间条件,以退役作为时间起点,通常以下达退役命令作为判断标志。二是单位或岗位条件,为退役军人提供优先就业权的义务单位主要有机关、群团组织、事业单位和国有企业,其中军队文职人员岗位、国防教育机构岗位属于优先单位的优先岗位。为退役军人提供优先教育权的义务单位主要有高等学校和中等职业学校。三是同等条件。优先招录或招聘是以“同等条件下”为前提,意味着退役军人应当达到招录或招聘单位的标准条件,且与其他的报考参聘对象在考试成绩、德才标准等方面条件相当。以高考录取为例,2022 年教育部下发的《普通高等学校招生工作规定》明确:“退出部队现役的考生、残疾人民警察参加全国统考录取并达到有关高校投档要求的,在与其他考生同等条件下优先录取。”同时还规定,“自主就业的退役士兵,可在其文化统考成绩总分的基础上增加一定分数投档,分值不得超过 10 分”。这意味着,在投档环节,退役士兵可享受加分优待;在高校录取环节,退役士兵可享受同等条件下优先录取的优待,当退役军人与另一地方考生分数相同,且被同时投档到某一高校时,就具备了优先录取的条件。

除此之外,军人优先还包括参观游览享受优先待遇,残疾军人、复员军人、带病回乡退伍军人和“三属”承租、购买住房依照有关规定享受优先待遇等。

三、军人优先权的实现条件及救济方式

军人优先权要从法定权利变成现实权利，需要若干条件，包括职能部门的强力推动、相关义务主体的配合支持、社会大众的理解认同以及严格的法律监督和责任追究，等等。以军人优先出行权的实现为例，虽然法律法规赋予这一权利已有多年，但在全国范围内真正落实还是经历了一段曲折的历程。由于法律的规定比较原则，配套规定未出台，各地理解不一，条件设施不同，军人享受出行优先的情况千差万别。自 2017 年起，在有关职能部门的强力推动下，情况出现了很大改观。2017 年 5 月下旬，中央军委后勤保障部与中国民用航空局联合印发通知，正式部署展开军人航空出行“依法优先”通道开通工作，自 2017 年 7 月 1 日起，在全国 81 个民航机场开通“军人依法优先”通道，涵盖各直辖市、省会和自治区首府城市、高原边防海岛、革命老区所在地机场。同年，中国铁路总公司、中央军委后勤保障部联合决定，自 2017 年 8 月 1 日起，在全国铁路系统开展军人出行依法优先工作。2018 年，交通运输部、中央军委后勤保障部联合下发《关于进一步做好水路军人依法优先出行工作的通知》，决定自 2018 年 1 月 1 日起，在全国水路系统推行军人依法优先出行。2018 年 10 月，国家交通运输部、中央军委后勤保障部联合部署在全国道路客运领域开展军人依法优先出行权益保障工作，决定自 2018 年 12 月 1 日起，全国汽车客运站、道路客运班线经营者在购票、安检、候车、乘车等环节对军人提供依法优先服务。至此，空中、铁路、水路、公路等各种交通体系均开通了“军人依法优先”服务，标志着全国交通运输行业形成了全方位、立体化的军人依法优先工作格局。

有了详细的工作规定和体系的工作部署，对于推动军人依法优先出行权益的实现起到了重要作用。但现实中，还有个别地方落实不到位，这

就需要及时的法律监督来纠正违法行为。在此，引用一个案例予以说明。[①]2021 年 8 月 1 日，正值《军人地位和权益保障法》施行之日，徐州铁路运输检察院(以下简称徐州铁检院)依法对一起保障军人权益行政公益诉讼立案。“徐州铁检院在筛查涉铁公益诉讼线索中发现，中国铁路上海局集团有限公司徐州车务段(下称徐州车务段)管辖的陇海线上的连云港站、连云港东站等客运火车站，在保障军人购票、车票退改签、进出车站及候车等应当提供优先服务、依规给予优待工作中存在履职不到位的情况，没有将‘军人依法优先’有效落实。为了查清具体情况，徐州铁检院通过实地查勘、走访座谈等方式对其下辖东、西陇海线 5 个铁路客运车站进行了有针对性的专项调查。调查发现，各车站总体情况尚好，但仍存在设置‘军人依法优先’标识不完善，相关硬件设施设置不到位等问题。随后，该院经过研究决定，对连云港站和连云港东站等客运车站的上级主管单位徐州车务段进行行政公益诉讼立案。8 月 2 日，根据诉前调查、磋商及被立案单位对事实确认的情况，徐州铁检院向徐州车务段公开宣告送达检察建议书，建议徐州车务段建立完善对军人优先购票进站、候车、上车、出站等依法优先出行的服务保障长效机制。”

8 月 5 日，“徐州铁检院就本次检察建议落实整改及行政公益诉讼进展情况举行听证会。会上，徐州铁检院诉讼监督部主任陈东介绍了案情办理情况，铁路部门介绍了按照检察机关建议推进问题整改情况，与会人员现场观看了整改前后对比照片、视频，与会人员对徐州铁检院保障军人权益行政公益诉讼监督效果和徐州车务段积极落实整改的结果表示肯定”。[②]徐州铁路运输检察院通过公益诉讼渠道推进军人依法优先出行权益保障落实落细，树立了很好的榜样。

---

① 引自卢志坚、王震：《火车站落实军人优先不到位，检察院提起行政公益诉讼》，《检察日报》2021 年 8 月 5 日。

② 王少亭：《徐州铁检院举行公开听证会，保障军人出行依法优先权益》，《中国国防报》2021 年 8 月 12 日。

第八节　军人家庭保障权益

因使命任务的特殊性，军人为了顾大家难以守小家，在赡养老人、陪伴子女、分担家务等方面军人经常缺席。为了保障军人安心服役、履行使命，军人家属作出了奉献牺牲，军人家庭受到了相应影响。因此，对军人家庭权益进行特殊保障，既是对军人职业的认可，又是对军人家属付出的弥补，有利于稳定军人后院，提振军心士气。为此，《国防法》《兵役法》《军人地位和权益保障法》《军人保险法》《军人抚恤优待条例》等法律法规对军人家庭权益进行了多方面的保障。具体而言，军人家庭权益主要有以下几种类型。

一、军人家属随军落户权益

“铁打的营盘流水的兵”，军人职业流动性很强。为了解决两地分居问题，军人家属经常随军人迁移奔波，随军政策也应运而生。军人家属随军政策建立于1963年，1991年作了进一步完善和规范，2011年经国务院和中央军委批准，军人家属随军政策实行了重大调整，依据公安部、原总参谋部、原总政治部、原总后勤部联合制定的《关于调整军人家属随军政策的意见》，调整后的军人家属随军条件与以往相比明显放宽：驻全国一般地区部队干部家属随军条件，由副营职调整为正连职；取消驻艰苦地区部队和在特殊岗位工作干部家属随军条件；驻北京城区部队干部家属随军条件由正营职或服役满15年的副营职调整为副营职；驻艰苦地区部队士官家属随军条件，由三级军士长以上士官调整为四级军士长以上士官。[①]2021年出台的《军人地位和权益保障法》首次将随军政策上升为法律制度，并对随军的实体条件和程序要求作出了一些新的规定，既适应了国家户籍管理制度改革发展的形势，又满足了国防和军队改革需求。

① 《经国务院中央军委批准军人家属随军政策实施调整》，中央政府门户网站，www.gov.cn。

随军首先要解决的就是户口问题,因为户籍关联行政管理和社会福利等重要事项,甚至影响教育、就业、住房等个人权益的实现。我国各地户籍管理政策尽管多种多样、因地制宜,但在落户方面,各地一直都有比较严格的规定,需要满足一定条件才能在当地落户。随军落户问题也成为一个现实难题,时常让军人军属焦头烂额。《军人地位和权益保障法》对此作出了刚性规定,第四十二条规定“军官和符合规定条件的军士,其配偶、未成年子女和不能独立生活的成年子女可以办理随军落户;符合规定条件的军人父母可以按照规定办理随子女落户。夫妻双方均为军人的,其子女可以选择父母中的一方随军落户。军人服现役所在地发生变动的,已随军的家属可以随迁落户,或者选择将户口迁至军人、军人配偶原户籍所在地或者军人父母、军人配偶父母户籍所在地。地方人民政府有关部门、军队有关单位应当及时高效地为军人家属随军落户办理相关手续”。该法第四十三条规定:“国家保障军人、军人家属的户籍管理和相关权益。”据此规定,军人军属的户籍权益上升为一种法定权益,随军落户有了法律保障,地方人民政府有关部门和军队有关单位负有及时高效办理相关手续的义务。不仅如此,与以往的随军政策相比,《军人地位和权益保障法》降低了随军门槛,放宽了随军条件,取消了军官家属随军条件的限制,适应了军衔制的改革变化和军婚年龄提前的实际;规定了双军人子女随军落户选择权,夫妻双方均为军人的,其子女可以选择父母中的一方随军落户;对军人服现役所在地发生变动后随军家属户籍迁移问题作出规定,赋予随军家属多种关联性的落户选择权。

二、随军配偶就业安置权益

随军配偶就业问题,也是一个困扰军人家属的现实难题。军人配偶随军后能否就业、如何就业,不仅关系军人配偶个人价值的实现,而且影响军人家庭的整体收入。《军人抚恤优待条例》早已规定:“随军前是国家机关、社会团体、企业事业单位职工的,驻军所在地人民政府人力资源社会保障部门应当接收和妥善安置。随军前没有工作单位的,驻军所在地人民政府应当根据本人的实际情况作出相应安置;对自谋职业的,按照国家有关规定减免有关费用。”但在实践中此条规定的落实不尽如人意。为做好军人随军家属就业安置工作,实现随军家属充分就业,2013 年 10 月 8 日,国务院、中央军委批转人力资源社会保障部、原总参谋部、原总政治部《军人随军家属就业安置办法》(国发[2013]42 号),此《办法》总结吸纳全国 60 余个不同类型大中城市的经验做法,明确地方各级人民政府做好随军家属就业安置工作的重要责任,并对随军家属范围界定、安置原则、军地职责、安置方式、组织领导和运行机制等进行了全面规范,从身份类型、就业需求及军人对部队所作贡献等实际情况出发,首次将随军家属区分为 5 种类型给予分类安置,力保随军家属充分就业。

应该说,《军人抚恤优待条例》和《军人随军家属就业安置办法》对于解决随军家属就业起到了重要的推动作用。《军人地位和权益保障法》首次以法律的形式赋予了军人配偶就业安置权益,明确了相关单位的责任和义务。该法第五十二条规定:“国家依法保障军人配偶就业安置权益。机关、群团组织、企业事业单位、社会组织和其他组织,应当依法履行接收军人配偶就业安置的义务。军人配偶随军前在机关或者事业单位工作的,由安置地人民政府按照有关规定安排到相应的工作单位;在其他单位工作或者无工作单位的,由安置地人民政府提供就业指导和就业培训,优先协助就业。烈士、因公牺牲军人的遗属和符合规定条件的军人配偶,当地人民政府应当优先安排就业。”第五十三条规定:“国家鼓励有用工需求的用人单位优先安排随军家属就业。国有企业在新招录职工时,应当按照用工需求的适当比例聘用随军家属;有条件的民营企业在新招录职工时,可以按照用工需求的适当比例聘用随军家属。”第五十四条规定了扶持军人配偶自主就业、创业的政策,明确“国家鼓励和扶持军人配偶自主就业、自主创业。军人配偶从事个体经营的,按照国家有关优惠政策给予支持”。

根据上述法律规定，军人配偶就业安置权益属于一种法定权益；机关、群团组织、企业事业单位、社会组织和其他组织，负有依法接收军人配偶就业安置的义务，国有企业新招录职工应当以适当比例招聘随军家属；安置地政府具有安排就业、指导就业、就业培训和协助就业的职权职责；军人配偶自主就业、创业的，国家提供一定的优惠政策。

不仅如此，依据《退役军人保障法》的规定，符合条件的军官和军士退出现役时，其配偶和子女可以按照国家有关规定随调随迁。随调配偶在机关或者事业单位工作，符合有关法律法规规定的，安置地人民政府负责安排到相应的工作单位；随调配偶在其他单位工作或者无工作单位的，安置地人民政府应当提供就业指导，协助实现就业。

三、军人子女教育优待权益

军人子女是军人家庭的未来和希望，是军人后院的重要组成部分。为了保障军人子女接受良好教育，国家先后出台了多项政策。2011 年，教育部、原总政治部联合印发了《军人子女教育优待办法》(政联[2011]7 号)，2013 年联合印发了《关于进一步贯彻实施〈军人子女教育优待办法〉的通知》(教政厅[2013]1 号)，2022 年初，教育部、中央军委政治工作部、全国双拥工作领导小组办公室联合下发了《关于进一步做好军人子女教育优待工作的若干意见》。除此之外，各地教育部门还结合本地实际出台了优待军人子女教育的实施细则。这些政策规定对于保障军人子女享受相应的教育优待起到了重要作用。

与此同时，国家制定的法律法规也不断拓展和完善军人子女教育优待权，《国防法》对优待军人家属(含教育)作出了原则性规定，《军人抚恤优待条例》作出相对细化和授权规定，指出“残疾军人、因公牺牲军人子女、一级至四级残疾军人的子女，驻边疆国境的县(市)、沙漠区、国家确定的边远地区中的三类地区和军队确定的特、一、二类岛屿部队现役军人的子女报考普通高中、中等职业学校、高等学校，在录取时按照国家有关规定给予优待；接受学历教育的，在同等条件下优先享受国家规定的各项助学政策。现役军人子女的入学、入托，在同等条件下优先接收。具体办法由国务院退役军人事务部门会同国务院教育部门规定”。2021 年出台的《军人地位和权益保障法》健全了军人子女的教育优待权，该法第五十五条规定：“国家对军人子女予以教育优待。地方各级人民政府及其有关部门应当为军人子女提供当地优质教育资源，创造接受良好教育的条件。军人子女入读公办义务教育阶段学校和普惠性幼儿园，可以在本人、父母、祖父母、外祖父母或者其他法定监护人户籍所在地，或者父母居住地、部队驻地入学，享受当地军人子女教育优待政策。军人子女报考普通高中、中等职业学校，同等条件下优先录取；烈士、因公牺牲军人的子女和符合规定条件的军人子女，按照当地军人子女教育优待政策享受录取等方面的优待。因公牺牲军人的子女和符合规定条件的军人子女报考高等学校，按照国家有关规定优先录取；烈士子女享受加分等优待。烈士子女和符合规定条件的军人子女按照规定享受奖学金、助学金和有关费用免除等学生资助政策。国家鼓励和扶持具备条件的民办学校，为军人子女和烈士、因公牺牲军人的子女提供教育优待。”

根据法律规定，军人子女教育优待权益是一项法定权益，地方各级人民政府及其有关部门负有为军人子女提供当地优质教育资源、创造教育条件的义务。法律赋予了军人子女入学地点选择权，入读公办义务教育阶段学校和普惠性幼儿园，可以在本人、父母、祖父母、外祖父母或者其他法定监护人户籍所在地，或者父母居住地、部队驻地入学。法律分类规定了优待录取、加分优待等权益。

四、军人家属医疗优待权益

医疗保障与军人家属的健康权息息相关，是一种非常重要的社会保障。《军人地位和权益保障法》第五十一条规定：“公立医疗机构应当为军人就医提供优待服务。军人家属和烈士、因公牺牲军人、病故军人的遗属，在军队医疗机构和公立医疗机构就医享受医疗优待。国家鼓励民营医疗机构为军人、军人家属和烈士、因公牺牲军人、病故军人的遗属就医提供优待服务。国家和社会对残疾军人的医疗依法给予特别保障。”据此，公立医疗机构具有为军人军属和烈士、因公牺牲军人、病故军人的遗属提供优待服务的法定义务。但究竟如何为军人军属提供优待服务？是优惠还是优先？这都需要配套规定进一步细化和明确。

为了将军人军属医疗优待权益落到实处，经中央军委主席习近平批准，中央军委办公厅印发了《军人及军队相关人员医疗待遇保障暂行规定》，自 2022 年 1 月 1 日起施行。“《军人及军队相关人员医疗待遇保障暂行规定》紧盯改革急需、备战急用、官兵急盼，在保障对象上坚持官兵至上，尽最大可能维护军人家庭健康权益；在组织实施上坚持优势互补，建立完善便捷优质的军地就医保障路径；在政策设计上坚持积极稳妥，结合军队医疗保障能力实际，科学设计医疗待遇保障制度；在待遇水平上坚持体系平衡，统筹设计不同类型保障对象医疗待遇，切实提升军人获得感荣誉感，充分体现军人职业尊崇。”①根据《军人及军队相关人员医疗待遇保障暂行规定》，军队医疗保障对象包括军人和军队相关人员两大类别。“军队相关人员”是指现役军人家属、烈士家属、因公牺牲军人家属、病故军人家属、军队管理的离退休军人、军队管理的离退休军人家属六类群体。其中军人家属是指军人配偶、子女、父母（含抚养人）、配偶父母（含抚养人）四类人员。该《规定》明确：家属在军队医疗机构就医免费或者优惠，18 周岁以下子女和持军人保障卡的军人配偶直接减免费用；持社会保障卡的军人配偶和烈士、因公牺牲军人的父母，经医保结算并扣除完全自费部分后，剩余医疗费用予以免收；军官、军士的父母和配偶父母，经医保结算并扣除完全自费部分后，门急诊和住院费用予以优惠，优惠比例为门急诊费用减免 20%、住院费用减免 50%。

---

① 《国防部介绍〈军人及军队相关人员医疗待遇保障暂行规定〉亮点》，http://www.81.cn/fb/2021-11/25/content_10110679.htm。

除此之外，军人家属保障权益还包括随军未就业配偶保险权益（前文在论述军人保险权益时已一并阐释）、未就业补助、分居补助、军人配偶荣誉金、父母赡养补助、住房优待权益、参观游览优待权益，等等。在此，不再详细阐述。法律对军人家属系列权益的保障，饱含的是党和国家对军人军属的关爱之情，体现了对军人家庭特殊贡献的褒扬。

五、军婚特殊保护权益

婚姻是家庭的基石，是人生幸福的重要因素。军婚不仅影响军人个人幸福和家庭稳定，而且关系国防和军事利益，因此历来倍受重视。我国具有保护军婚的优良传统，早在1931年，中国工农兵苏维埃第一次全国代表大会就颁布了《中国工农红军优待条例》，规定："凡红军在服役期间，其妻离婚必先得本人同意，如未同意，政府得禁之。"①1934年颁布的《中华苏维埃共和国婚姻法》再次规定"红军战士之妻要求离婚，须得其夫同意"。我国从此确立了军婚特别保护的法律制度，在随后的革命战争年代以及和平建设时期，军婚保护制度一直沿用、不断完善，时至今日，已形成了由《国防法》《军人地位和权益保障法》《刑法》《民法典》等法律共同保护的军婚维系制度。军婚特别保护制度主要包括两个方面，一是民事保护，即民法典赋予了军人离婚否决权，适度限制军人配偶的离婚自由权。二是刑事保护，即刑法规定的破坏军婚罪，预防和打击破坏军婚的犯罪行为。

（一）军人离婚否决权的理解与适用

《民法典》第一千零八十一条规定："现役军人的配偶要求离婚，应当征得军人同意，但是军人一方有重大过错的除外。"该条款在继承军婚保护历史传统的同时，也与时俱进作了创新完善；在赋予军人离婚否决权的同时，也在一定程度上兼顾了军人配偶的离婚自由权。

"现役军人的配偶要求离婚，应当征得军人同意。"这是军人离婚否决

① 黄东：《红色苏区婚姻改造论述》，《首都师范大学学报（社会科学版）》2003年第3期。

权的法律表述。法律之所以赋予军人离婚否决权，主要基于以下几点考虑：一是继承优良传统。军婚保护制度是党和国家的优良传统和一贯政策，是实践探索的成果，是集体智慧的结晶，其必要性、可行性得到了实践的证明，其科学性、合理性经受住了历史的考验。二是契合军队建设的现实需要。军人婚姻状况影响军心士气，关系国防和军事利益。“立法和司法实践证明，对军人婚姻实行特别保护，对于鼓励军人献身国防，提高部队战斗力起着积极的作用。”①虽然和平与发展成为了时代主题，但战争风险随时存在，军人保家卫国、打赢战争的职责使命始终没变；为了完成使命任务，军人与其配偶两地分居仍是常态，军婚面临的现实困难依然较多，维系军婚稳定具有现实的紧迫性和必要性。三是符合国家婚姻家庭建设的大势。近年来，离婚率高的问题已成为一个需要引起足够重视的社会问题。《民法典》专门规定了离婚冷静期制度，这与军婚保护制度的价值功能具有相通性。赋予军人离婚否决权，对于军人婚姻家庭的维系具有重要意义。

军人离婚否决权并不是绝对的，过于绝对的权利容易导致利益失衡和社会不公，也容易背离权利的设计初衷，影响权利的最终实现。因此，在赋予军人离婚否决权的同时，还要适度兼顾军人配偶的离婚自由权。于是，军婚保护制度的“但书”条款应运而生。当军人一方有重大过错时，军人将丧失离婚否决权。实践中需要注意的是，何为“重大过错”、如何认定“重大过错”。依据最高人民法院发布的《关于适用〈中华人民共和国民法典〉婚姻家庭编的解释（一）》（法释[2020]22 号）第六十四条的规定，“军人一方有重大过错”可以依据《民法典》第一千零七十九条第三款前三项规定及军人有其他重大过错导致夫妻感情破裂的情形予以判断。据此，认定军人一方的重大过错，主要有以下几种情形：(1)重婚或者与他人同居；(2)实施家庭暴力或者虐待、遗弃家庭成员；(3)有赌博、吸毒等恶习

---

① 最高人民法院民法典贯彻实施工作领导小组：《中华人民共和国民法典婚姻家庭编继承编理解与适用》，人民法院出版社 2020 年版，第 270 页。

屡教不改;(4)有其他重大过错行为。其他重大过错行为主要是指严重违背社会公德,并对夫妻感情造成严重伤害的行为,比如,强奸妇女、奸淫幼女、嫖娼等违法犯罪行为等,可以认定为重大过错行为。[①]

另外,军人离婚还要接受军队组织的依法管理,依据《军队人员婚姻管理若干规定》,根据不同情形分别管理:(1)当离婚双方均为现役军人,双方自愿离婚或者一方要求离婚的,当事人所在单位党组织或者政治工作部门应当进行调解;调解无效且双方均同意离婚的,政治工作部门出具同意离婚的《军人婚姻登记证明》,由当事人到婚姻登记机关办理离婚登记;调解无效且其中一方不同意离婚的,政治工作部门出具同意离婚的《军人婚姻登记证明》,由当事人向法院提起离婚诉讼。此类情况下,不存在军人离婚否决权的问题。(2)配偶为非现役军人,现役军人一方要求离婚的,所在单位党组织或者政治工作部门应当视情进行调解;调解无效且对方同意离婚的,政治工作部门出具同意离婚的《军人婚姻登记证明》,由当事人到婚姻登记机关办理离婚登记;现役军人一方要求离婚,对方不同意离婚的,现役军人所在单位还可以商请对方所在单位或者地方有关部门进行调解,调解无效的,政治工作部门出具同意离婚的《军人婚姻登记证明》,由当事人向法院提起离婚诉讼。此种情况下,也不存在军人离婚否决权问题。(3)配偶为非现役军人,配偶一方要求离婚,现役军人一方同意离婚的,政治工作部门出具同意离婚的《军人婚姻登记证明》;现役军人一方不同意离婚的,政治工作部门不得出具同意离婚的《军人婚姻登记证明》,经查实现役军人一方确有重大过错的除外。政治工作部门出具同意离婚的《军人婚姻登记证明》时,应当要求离婚双方签字或者提供书面意见。

(二) 破坏军婚罪的理解与适用

《刑法》第二百五十九规定:“明知是现役军人的配偶而与之同居或者

---

① 最高人民法院民法典贯彻实施工作领导小组:《中华人民共和国民法典婚姻家庭编继承编理解与适用》,人民法院出版社 2020 年版,第 273 页。

结婚的，处三年以下有期徒刑或者拘役。利用职权、从属关系，以胁迫手段奸淫现役军人的妻子的，依照刑法第二百三十六条的规定定罪处罚。”该条共有两款，第一款规定的是破坏军婚罪，第二款援引了强奸罪的规定。

1. 主观要件认定。破坏军婚罪的主观要件是“明知”，是一种直接故意犯罪，即行为人知道或者应当知道对方是现役军人的配偶而与之同居或者结婚。如果行为人不明知，甚至是受欺骗而与现役军人的配偶同居或结婚的，不构成本罪。明知的事项是行为人所同居或结婚的对象为现役军人的配偶。本罪所称的“现役军人”是指中国人民解放军或者人民武装警察部队的现役军官、文职干部、士兵及具有军籍的学员，在军队工作但没有取得军籍的人员以及退役军人均不属于现役军人。本罪中的“配偶”是指依法与现役军人登记结婚的妻子或丈夫，而该条第二款援引强奸罪规定的行为，其作案对象仅指现役军人的妻子。对于军人的配偶没有职业和身份要求，配偶可以是军人，也可以是非军人。

2. 主体要件认定。本罪的犯罪主体为一般主体，包括军人和非军人。现役军人与现役军人的配偶有同居或者结婚行为的可以构成破坏军婚罪。非现役军人与现役军人的配偶有同居或者结婚行为的也可以构成破坏军婚罪。但是两个现役军人同居或者重婚，若他们的配偶不是现役军人时，不成立破坏军婚罪，可视情按照违法违纪或重婚罪处理。

对于现役军人的配偶能否成为破坏军婚罪的主体，学术界有不同的观点。“一种观点认为，同居或结婚行为是第三人与现役军人配偶共同完成的，有共同的犯罪故意，有共同的犯罪行为，按照共同犯罪理论，应当追究其刑事责任。如果刑法只处罚非军人配偶的一方，放任军人配偶一方，不定罪不处罚，使得有些品德低下的军人配偶更加有恃无恐地勾引别人。另一种观点截然相反，认为现役军人配偶不能成为破坏军婚罪的主体。理由是：分解破坏军婚罪的条文可以看到，某人明知其同居或结婚的对象是现役军人配偶，仍然与该对象同居或结婚的构成破坏军婚罪，某人会被处罚，而不是处罚作为其同居或结婚对象的现役军人配偶。”①笔者赞同第二种观点，因为根据《刑法》第二百五十九条的罪状描述，“明知是现役军人的配偶而与之同居或者结婚的”这句话，省略的主语不可能是现役军人配偶，否则就是现役军人配偶与自己同居或结婚，很显然不符合语义解释的逻辑。按照罪刑法定原则，不宜将现役军人配偶作为破坏军婚罪的主体。刑法之所以将现役军人配偶排除在破坏军婚罪的主体之外，是因为破坏军婚罪的立法本意是保护军婚，特别是为了防止第三人对军婚的非法介入。若对配偶直接定性为破坏军婚罪，无疑宣告了军婚的终结，此时也剥夺了军人对军婚状态的选择权。事实上，民法典规定了军人对离婚的否决权，按照同样的立法精神，在刑法对军婚进行保护时，同样应当赋予军人对军婚的最终决定权。当然，不将军人配偶作为破坏军婚罪的主体，并非放纵军人配偶违反婚姻忠诚义务的行为，如果军人配偶与他人同居或结婚，可根据情节按照违法行为或重婚罪定性，这与对军人的类似行为处理方式相同。由此可见，不将军人配偶作为破坏军婚罪的主体，符合罪刑法定原则，符合刑法的平等原则，也符合法秩序统一原理，让刑法与民法保持了同样的立法精神。

3. 客观要件认定。破坏军婚罪的行为只能是作为行为，它由行为人利用自己的身体主动实施。破坏军婚罪的行为方式有两种，一是结婚，二是同居。在实践中如何对结婚和同居行为进行刑法判定，并非一个不证自明的问题，需要深入研究探讨。

以结婚方式破坏军婚的行为，也可称为重婚型的破坏军婚，是指与现役军人的配偶登记结婚或者虽然未登记结婚，但以夫妻名义共同生活的行为。这与重婚罪的“明知他人有配偶而与之结婚”非常类似，故称为重婚型的破坏军婚罪。它又包括两种类型，一是法律重婚型，即明知是现役

① 罗靖雯：《论军婚特殊保护制度》，石河子大学 2019 年硕士学位论文。

军人配偶而与之办理结婚登记，骗取结婚证的行为；二是事实重婚型，即虽未办理结婚登记手续，但与军人配偶以夫妻名义同居生活。[①]对重婚型破坏军婚行为的事实认定，与刑法对重婚罪的认定标准相同，只是破坏军婚罪比重婚罪量刑更重。

以同居方式破坏军婚的行为，是实践中较为常见的行为。但什么是同居，如何判断和认定同居，是司法实践中的一个难点。《民法典》和《刑法》都使用了“同居”的概念，但法律本身并未对同居的概念予以明确。2001 年，最高人民法院发布的《关于适用〈中华人民共和国婚姻法〉若干问题的解释（一）》第二条对“有配偶者与他人同居”作了解释，将其定义为“有配偶者与婚外异性，不以夫妻名义，持续、稳定地共同居住”。2020 年底，伴随着民法典的问世，最高人民法院发布了《关于适用〈中华人民共和国民法典〉婚姻家庭编的解释（一）》（法释［2020］22 号），其中第二条明确：“民法典第一千零四十二条、第一千零七十九条、第一千零九十一条规定的‘与他人同居’的情形，是指有配偶者与婚外异性，不以夫妻名义，持续、稳定地共同居住。”最高人民法院的司法解释对“同居”的内涵作了界定。据此理解，同居行为既不同于事实重婚，也不同于一般出轨。同居与事实重婚的相同之处在于，两者都是与他人持续稳定共同生活，不同点在于事实重婚是以夫妻名义共同生活，而同居则不以夫妻名义共同生活。同居与出轨的相同之处在于，两者都存在与他人发生不正当两性关系的情况，不同点在于，出轨并未持续稳定地共同生活。由此可见，重婚、与他人同居、出轨都是违背夫妻忠诚义务的行为，从严重程度看，同居是介于事实重婚与普通出轨之间的一种危害行为。

上述司法解释对“同居”的定义，揭示了同居的本质特征，厘清了同居与重婚、出轨等行为之间的区别，这对于民事审判和刑事审判无疑具有重要的指引作用。但“持续、稳定地共同居住”本身又是一个值得追问的问题，“持续”多长时间才算同居？如何才算稳定居住？这仍然是一个仁者

① 荀恒栋：《军婚法律问题》，解放军出版社 2008 年版，第 179 页。

见仁、智者见智的问题。这为当事人维权留下了遐想的空间，为司法机关办案赋予了自由裁量权。

实践中具有一定参考意义的是广东省高级人民法院于2001年11月9日颁布的《关于审理婚姻家庭案件若干问题的指导意见》(粤高法发[2001]44号)，该意见第十七条规定："《婚姻法》所称的'有配偶者与他人同居'，是指有配偶者与婚外异性共同生活，关系相对稳定，且共同生活的时间达到三个月以上。"这一意见虽然不是全国性司法解释，但在广东省司法系统内具有重要指导意义，对全国其他地方的法律适用具有一定参考价值。

由于刑事审判的严肃性、涉及同案同判的公平性、涉及打击犯罪与保障人权的平衡性，在认定"同居"这一事实时，要综合全案情况进行实质判断，结合以往案例进行平衡考量。对此，最高人民法院1985年7月18日发布的关于破坏军婚罪的四个案例，对今天的司法适用仍然具有一定的参考价值。四个案例包括一个公开同居型和三个长期通奸型案例，对于长期通奸型的案例，法院综合考虑了通奸的时间、通奸的后果、对军婚的破坏程度等因素，最后均按照破坏军婚罪定罪量刑。

4. 诉讼方式选择。由于法院奉行"不告不理"的原则，因此提起诉讼至关重要，此乃启动刑事审判的前置程序。根据我国刑事法律规定，刑事案件提起诉讼有两种方式，即公诉和自诉。所谓公诉，是指由人民检察院针对犯罪嫌疑人的犯罪行为向人民法院提出控告，要求人民法院通过审判确定犯罪事实、惩罚犯罪人的诉讼活动。刑事自诉是指被害人、被害人的法定代理人、近亲属为了追究被告人的刑事责任而直接向人民法院提起的诉讼。

依据《刑事诉讼法》第二百一十条和最高人民法院《关于适用〈中华人民共和国刑事诉讼法〉的解释》(法释[2021]1号)第一条的规定，人民法院直接受理的自诉案件包括三大类：第一类是告诉才处理的案件，包括四种：(1)侮辱、诽谤案(《刑法》第二百四十六条，但严重危害社会秩序和国家利益的除外)；(2)暴力干涉婚姻自由案(《刑法》第二百五十七条第一款)；(3)虐待案(《刑法》第二百六十条第一款，但被害人没有能力告诉或者因受到强制、威吓无法告诉的除外)；(4)侵占案(《刑法》第二百七十条)。第二类是人民检察院没有提起公诉，被害人有证据证明的轻微刑事案件，包括八种案件：(1)故意伤害案(《刑法》第二百三十四条第一款)；(2)非法侵入住宅案(《刑法》第二百四十五条)；(3)侵犯通信自由案(《刑法》第二百五十二条)；(4)重婚案(《刑法》第二百五十八条)；(5)遗弃案(《刑法》第二百六十一条)；(6)生产、销售伪劣商品案(刑法分则第三章第一节，但严重危害社会秩序和国家利益的除外)；(7)侵犯知识产权案(刑法分则第三章第七节，但严重危害社会秩序和国家利益的除外)；(8)刑法分则第四章、第五章规定的，可能判处三年有期徒刑以下刑罚的案件。第三类案件是，被害人有证据证明对被告人侵犯自己人身、财产权利的行为应当依法追究刑事责任，且有证据证明曾经提出控告，而公安机关或者人民检察院不予追究被告人刑事责任的案件。

前述三类案件，第一类属于只能自诉的案件，第二类属于可选择公诉或自诉的案件，第三类属于控告不诉后的自诉案件。破坏军婚罪属于刑法分则第四章中的罪名，且最高刑期为三年，因此归属于第二类案件，既可以公诉，又可以自诉。当现役军人发现存在破坏自身军婚的犯罪行为时，应当及时收集保全证据，合理作出选择：当证据确实、充分，且方便提起自诉时，可直接向犯罪地或被告人居住地人民法院或军事法院提起刑事自诉；当取证存在困难、自身维权不力时，可在掌握初步证据或证据线索的前提下，向公安机关或军队保卫部门提出控告，请求立案侦查。需要说明的是，在同一时间，公诉与自诉只能选择其一，但根据情况的变化，公诉与自诉还可以相互转换。当现役军人提起自诉后，证据不足的，如果可以由公安机关或军队保卫部门受理的，法院应当告知被害人向公安机关或军队保卫部门报案，或者直接移送公安机关或军队保卫部门立案侦查。当被害人直接向公安机关或军队保卫部门提出控告后，侦查机关或检察机关不予追究被告人刑事责任时，被害人还可以在有证据证明的情况下，再向法院提起刑事自诉。

第九节　军人退役保障权益

退役军人为国防和军队建设作出过重要贡献，是社会主义现代化建设的重要力量，是党和国家的宝贵财富，值得倍加尊重、关心、爱护和优待。2014 年 5 月 27 日，习近平主席在第六次全国军转表彰大会暨 2014 年军转安置工作会议上的讲话指出，"要坚持为经济社会发展和军队建设服务的方针，贯彻妥善安置、合理使用、人尽其才、各得其所的原则，推进退役军官安置管理保障体制机制改革和政策制度创新，逐步完善服务保障体系和相关政策法规"。2018 年 3 月，第十三届全国人大第一次会议表决通过了关于国务院机构改革方案的决定，批准成立中华人民共和国退役军人事务部，这为维护退役军人合法权益迈出了坚实的一步，为完善和强化退役军人管理和服务保障工作奠定了组织机构基础。2020 年 11 月 11 日，《退役军人保障法》由第十三届全国人大常委会第二十三次会议通过，自 2021 年 1 月 1 日起施行。至此，退役军人的权益保障从思想引领到机构设置，再到颁布法律，一步一个脚印，越来越坚实。

事实上，党和国家一直高度重视退役军人权益保障工作。新中国成立以来，党中央、国务院、中央军委制定了一系列政策法规，对维护退役军人权益、做好退役军人保障工作发挥了重要作用。但是，随着经济社会的快速发展、国防和军队改革的深入推进，退役军人保障工作面临的形势任务发生了新变化，需要通过立法上升到国家意志予以统筹规划。自 2018 年 7 月 19 日退役军人事务部召开座谈会，就《退役军人保障法(初稿)》向各界征集意见，经过全国人大三次审议出台，到 2021 年 1 月 1 日的生效施行，经历了一段艰辛而审慎的立法过程，锻造了一部具有开创性、基础性、综合性的法律，为规范退役军人工作、维护退役军人权益提供了重要依据。根据法律规定，退役军人保障权益主要有以下几个方面：

一、退役安置权益

退役安置是指国家和社会依法向退出现役的军人提供就业及其他配套服务，为退役军人重返社会提供支持。《退役军人保障法》第三章专门规定了“退役安置”事项。既赋予机关、群团组织、事业单位依法接收安置退役军人的义务，又赋予退役军人接受安置的义务。明确接收安置转业军官、安排工作的军士和义务兵的机关、群团组织、事业单位，应当按照国家有关规定给予编制保障。“这是制度上的重大创新，给广大退役军人和现役军人带来了稳定的心理预期。”①

法律遵循分类保障的原则，结合实际，区分对象规定了不同的安置方式。对退役的军官，国家采取退休、转业、逐月领取退役金、复员等方式妥善安置。对退役的军士，国家采取逐月领取退役金、自主就业、安排工作、退休、供养等方式妥善安置。对退役的义务兵，国家采取自主就业、安排工作、供养等方式妥善安置。

所谓退休安置，是指对符合法定条件的军官或军士，批准其退出现职休养并移交人民政府安置，由安置地人民政府按照国家保障与社会化服务相结合的方式，做好服务管理工作，保障其待遇。所谓转业，是指对退出现役的军官，交由安置地人民政府根据其德才条件以及服现役期间的职务、等级、所作贡献、专长和工作需要安排到机关、群团组织、事业单位和国有企业等工作岗位，确定相应的职务职级。所谓安排工作，是指对符合条件的军士或义务兵，由安置地人民政府根据其服现役期间所作贡献、专长等安排工作岗位。所谓逐月领取退役金，是《退役军人保障法》创新规定的一种安置方式，是指对符合条件的军官或军士，依据《退役军人逐月领取退役金安置办法》（退役军人部发〔2021〕82 号），由本人申请，经审核批准后移交地方人民政府逐月领取一定比例的退役金。退役金分为国

① 郝万禄：《解析〈退役军人保障法〉看点》，《中国退役军人》2020 年第 12 期。

家法定退休年龄前后两个阶段发放，在国家法定退休年龄前，按照规定逐月发放退役金；达到国家法定退休年龄后，按照规定享受基本养老金、职业年金等养老保险待遇，并继续保留一定比例退役金发放终身。所谓复员，是指对具有法定情形或经本人申请的军官，发放一次性复员费的安置方式，复员不受年龄限制。所谓自主就业，是指对退役军士或义务兵发放一次性退役金由其自主就业的安置方式。所谓供养，是指对达到一定等级的残疾军士或义务兵由国家供养终身。

在确定安置方式时，法律突出了“贡献”导向，规定转业军官、安排工作的军士和义务兵，符合下列情形之一的，优先安置：(1)参战退役军人；(2)担任作战部队师、旅、团、营级单位主管的转业军官；(3)属于烈士子女、功臣模范的退役军人；(4)长期在艰苦边远地区或者特殊岗位服现役的退役军人。法律还突出了“抚恤”导向，明确“国家建立伤病残退役军人指令性移交安置、收治休养制度。军队有关部门应当及时将伤病残退役军人移交安置地人民政府安置。安置地人民政府应当妥善解决伤病残退役军人的住房、医疗、康复、护理和生活困难”。

二、教育培训权益

教育培训是帮助退役军人提高职业素养、增强社会适应能力、实现角色转换和二次就业的重要途径。《退役军人保障法》赋予了退役军人参加学历教育和职业技能培训两个方面的权益。退役军人在接受学历教育时，按照国家有关规定享受学费和助学金资助等国家教育资助政策。高等学校根据国家统筹安排，可以通过单列计划、单独招生等方式招考退役军人。现役军人入伍前已被普通高等学校录取或者是正在普通高等学校就学的学生，服现役期间保留入学资格或者学籍，退役后两年内允许入学或者复学，可以按照国家有关规定转入本校其他专业学习。达到报考研究生条件的，按照国家有关规定享受优惠政策。军人退出现役，安置地人民政府应当根据就业需求组织其免费参加职业教育、技能培训，经考试考核合格的，发给相应的学历证书、职业资格证书或者职业技能等级证书并推荐就业。退役军人未达到法定退休年龄需要就业创业的，可以享受职业技能培训补贴等相应扶持政策。

除此之外，《退役军人保障法》还规定“军人退役前，所在部队在保证完成军事任务的前提下，可以根据部队特点和条件提供职业技能储备培训，组织参加高等教育自学考试和各类高等学校举办的高等学历继续教育，以及知识拓展、技能培训等非学历继续教育”。这为退役军人提前转型、掌握军地通用技能打下了基础。

三、就业创业扶持权益

国家采取政府推动、市场引导、社会支持相结合的方式，鼓励和扶持退役军人就业创业。从就业层面看，赋予了县级人民政府退役军人工作主管部门宣传、组织、协调职能，规定公共人力资源服务机构应当免费为退役军人提供职业介绍、创业指导等服务，机关、群团组织、事业单位和国有企业在招录或者招聘人员时，对退役军人的年龄和学历条件可以适当放宽，同等条件下优先招录、招聘退役军人，要求各地设置一定数量的基层公务员职位，面向服现役满五年的高校毕业生退役军人招考，明确军队文职人员岗位、国防教育机构岗位等，应当优先选用符合条件的退役军人。从创业层面看，规定县级以上地方人民政府投资建设或者与社会共建的创业孵化基地和创业园区，应当优先为退役军人创业提供服务。规定退役军人创办小微企业，可以按照国家有关规定申请创业担保贷款，并享受贷款贴息等融资优惠政策。退役军人从事个体经营，依法享受税收优惠政策。

四、退役军人抚恤优待权益

在《军人抚恤优待条例》的基础上，《退役军人保障法》更进一步，专门针对退役军人的抚恤优待作了一些创新规定，有利于解决实践中的一些现实问题。一是确立了普惠与优待叠加的原则,“在保障退役军人享受普惠性政策和公共服务基础上,结合服现役期间所作贡献和各地实际情况给予优待”。所谓普惠性政策和公共服务,是指针对所有公民赋予的普惠性权益或公共福利,退役军人作为公民中的一员,自然有权享受。而《退役军人保障法》针对退役军人设定的优待权益、困难帮扶、特殊援助等,是根据“脱下军装”的公民曾经作出的贡献而进行的一种补偿,是普惠之上的优待。只有普惠与优待叠加,方能体现对退役军人的关心厚爱。这对于纠正一些地方优待退役军人时顾此失彼、选择执法的问题具有重要意义。二是建立统筹平衡的抚恤优待量化标准体系。《退役军人保障法》第四十九条规定:“国家逐步消除退役军人抚恤优待制度城乡差异、缩小地区差异,建立统筹平衡的抚恤优待量化标准体系。”由于退役军人抚恤优待制度属地化特点明显,地域间、城乡间经济发展水平不均衡、不协调,导致现行抚恤优待政策和保障水平呈现出差异化现象和失衡态势。比如,同一个连队的士兵服役年限相同,但由于入伍地、安置地不同,优待金却有明显差别,这种现象一定程度上影响了退役军人的公平正义感受。“着眼破解传统‘救济型’的定位理念,实现从解困救济型向褒扬激励型转变,法律明确规定,国家逐步消除退役军人抚恤优待制度城乡差异、缩小地区差异,建立统筹平衡的抚恤优待量化标准体系。这对于维护退役军人公平享有抚恤优待政策权、厘清各级事权与支出责任、统筹协调抚恤优待资源,提高制度运行效率具有重要作用。”①三是拓展了优待事项。《退役军人保障法》不仅延续了社会保险权益等传统优待事项,而且根据社会生活现实需要,拓展了住房优待、医疗优待、公共交通、文化和旅游等优待内容。这让退役军人依然能感受到军装的荣光,时刻体会到国家和社会的尊敬和温暖,有利于退役军人更好地融入社会,投身新的建设事业。

---

① 郝万禄:《解析〈退役军人保障法〉看点》,《中国退役军人》2020 年第 12 期。

五、退役军人荣誉权益

荣誉，是军人的第二生命，对于现役军人和退役军人而言，都同样重要。《退役军人保障法》规定“国家建立退役军人荣誉激励机制，对在社会主义现代化建设中做出突出贡献的退役军人予以表彰、奖励。退役军人服现役期间获得表彰、奖励的，退役后按照国家有关规定享受相应待遇”。这意味着对退役军人曾经的荣誉继续维护、对新的贡献适时褒扬，有利于激发退役军人投身社会大潮、积极干事创业的信心动力。

《退役军人保障法》还规定了一系列礼遇权益，包括退役军人安置地人民政府在接收退役军人时，应当举行迎接仪式；地方人民政府应当为退役军人家庭悬挂光荣牌，定期开展走访慰问活动；国家、地方和军队举行重大庆典活动时，应当邀请退役军人代表参加，被邀请的退役军人参加重大庆典活动时，可以穿着退役时的制式服装，佩戴服现役期间和退役后荣获的勋章、奖章、纪念章等徽章。

除此之外，《退役军人保障法》还注重发挥退役军人在爱国主义教育和国防教育活动中的积极作用，倡导“机关、群团组织、企业事业单位和社会组织可以邀请退役军人协助开展爱国主义教育和国防教育。县级以上人民政府教育行政部门可以邀请退役军人参加学校国防教育培训，学校可以聘请退役军人参与学生军事训练”。注重对退役军人先进事迹的宣传报道，以弘扬爱国主义精神、革命英雄主义精神和退役军人敬业奉献精神等。要求将作出特殊贡献或获得重大表彰的退役军人的名录和事迹，编辑录入地方志。

除了上述九大权益之外，法律还赋予了军人休息休假权、女军人特别保护权等，在此不一一赘述。综上，可以发现，为了让军人成为全社会尊崇的职业，我国以军人的神圣职责和特殊地位为逻辑基础，构建了全方位的军人权益保障法律体系。

第三部分：实践运用

——军人权益保障法律实施研究

“天下之事，不难于立法，而难于法之必行。”[①]令在必信，法在必行。如何做好立法的下篇文章，加大军人权益保障法律的贯彻实施力度，是一个需要深入思考和探索的课题。当前，需要进一步推动军人权益保障法律的持续普法、坚定执法和深度用法，加快完善配套政策制度，拓展军人权益保障的司法救济渠道，提升军队及军人处置涉法问题的综合水平。

---

① ［明］张居正：《请稽查章奏随事考成以修实政疏》。

第七章　夯实军人权益保障的社会基础

依法保障军人权益是全社会的共同责任，需要全社会对此有统一的思想认识和高度的行动自觉，需要良好的配套制度来打通“最后一公里”。因此，加强军人权益保障的法治宣传教育，完善军人权益保障法律的配套政策，是实践中需要首先解决的问题。

第一节　加强军人权益保障法治宣传教育工作

尽管有关军人权益保障的法律规范已成体系，军人权益保障工作“有法可依”，但社会主体的法律意识并没有完全跟上，一些单位和个人对军事法感到陌生，一定程度上影响了法律的实施效果和军人权益的最终实现。尊法学法知法是贯彻落实法律的前提，普法是帮助社会主体学习法律的重要路径。值得肯定的是，每当新的法律规范问世之际，都有职能部门发声、官方媒体报道、权威专家解读等形式多样的普法活动，有力推动了社会大众对相关法律的知晓、认同和理解。但普法工作是一项长期的系统工程，特别对全新的权益保障法律规范的宣传需要持续用力、全面普及和科学传播。

一、持续普法塑造深刻认知

普法非一朝一日之功，切忌“一阵风”“雨过地皮湿”。实践中存在一种不良的现象是，当某部新的法律刚出台时，社会关注度高，媒体争相报道，机关动作频频，网上议论纷纷，但随着时间的推移，热潮一过，该法律渐渐淡出人们的视野。这种普法方式由于时间短，不仅辐射面有限，而且受众难以理解、消化和记忆，难以给人们留下深刻的印象，不利于公民法治意识的树立，也达不到普及法律知识的效果。对社会主体来说，对军人权益保障法律乃至整个军事法体系总体比较陌生，不像民法典那样与公民的衣食住行、柴米油盐紧密相关，也不像刑法那样利剑出鞘、动人心魄。因此，对军人权益保障法律规范的普及更要科学谋划、持续用力、久久为功。

二、全面普法拓宽宣传辐射面

军人权益保障法律规范涉及领域广泛，关联主体多样，几乎与各类社会主体都有一定的关系。比如，军人优先出行权益就与运输主体乃至广大公民密切相关。因此，需要全面普法。应面向多种对象普法，不仅要对机关、群团组织、事业单位和企业单位等职能部门或义务主体普法，而且要对军人军属等权利主体普法，还应对普通公民普法。普法对象力求做到不留死角、不设盲区，防止相关义务主体因为不知法而违法。为此，可把军人权益保障法律规范特别是《军人地位和权益保障法》《退役军人保障法》的学习纳入全国普法规划、纳入全军普法重要内容、纳入党委政府和机关学习计划、纳入院校有关培训班次教学内容、纳入国家法律职业资格考试范围、纳入公务员考试范围，全面掀起学习贯彻军人权益保障法律规范的热潮，推动学习贯彻活动不断走深走实。

三、科学普法增强教育实效性

要用科学思维指导普法工作，区分对象、讲究方式、选择内容，有针对性地普及军人权益保障法律规范，以增强普法的效果。对退役军人事务部门等职能机构，重点普及军人权益保障工作的职权职责，为其依法履行职责、开展工作提供指导；对机关、群团组织、事业单位、国有企业等公共或公有主体，重点普及与其相关的权益保障义务，让其主动作为、创造条件做好抚恤优待等工作；对于私营企业、私立学校、私立医院等私有主体，重点普及鼓励性、倡导性和奖励性条款，引导它们积极承担社会责任、保障军人权益；对于普通社会民众，重点宣传军人的特殊奉献，让其理解军人优待权益的合理性、正当性、必要性，让广大民众发自内心地尊崇军人，形成拥军爱民、军民团结的良好氛围；对于军人军属等权利主体，重点普及军人权益的具体类型及其实施条件，解读立法背景，配合开展爱国主义、集体主义、革命英雄主义教育，让他们感受到党和国家对军人军属的关心厚爱，让广大官兵自觉争当"四有"新时代革命军人，锻造"四铁"过硬部队，心无旁骛聚力备战打仗、保家卫国。

第二节　完善军人权益保障配套政策

由于法律的原则性和稳定性较强，需要借助灵活性较强的政策制度予以支持，唯此才能让法律条文落地落实，打通保障军人权益的"最后一公里"。

一、制定配套政策必要而紧迫

《退役军人保障法》《军人地位和权益保障法》等法律都是基础性、综合性法律，创设了一系列保障军人（含退役军人）权益的重要制度，立起了军人权益保障的"四梁八柱"，但要建成军人权益保障这座"大厦"，还需要若干配套制度作为辅助材料予以支撑。

以军人军属的医疗优待权益为例，《军人地位和权益保障法》第五十一条规定，"军人家属和烈士、因公牺牲军人、病故军人的遗属，在军队医疗机构和公立医疗机构就医享受医疗优待"。据此规定，军队医疗机构和公立医疗负有优待军人家属以及"三属"等群体的义务，那么究竟该享受什么样的优待？如何享受优待？这些问题都需要配套制度予以明确。令人欣慰的是，《军人地位和权益保障法》施行3个月之后，经中央军委主席习近平批准，中央军委办公厅就印发了《军人及军队相关人员医疗待遇保障暂行规定》（自2022年1月1日起施行），该规定明确了军人及军队相关人员在军队医疗机构就医的优待措施，界定了军人跨军地就医的具体情形，打通了远离军队医疗机构单位军人及其家属就近就便到驻地医疗机构就医渠道。这项配套规定出台及时，措施严密可行，从军队层面率先立起了优待军人军属就医的表率，可供相关部门制定相应配套政策参考借鉴。

又如《军人地位和权益保障法》第三十八条规定，"军人配偶、子女与军人两地分居的，可以前往军人所在部队探亲"。但在实践中，各单位对此理解和执行不统一，有的单位为军人配偶探亲开了方便之门，但也有单位明确拒绝了军人家属探亲的申请，理由是"没有具体的文件支持，不知道探亲假如何操作，到底该休多长。而且军人本身也是有假期的，可以让军人回去探望家属"。①

二、制定配套政策的基本思路

当前，应当以军人权益保障的基本法律为龙头，做好相关法规政策的立改废释工作，填补空白，细化措施，消除冲突，加快完善相关配套法规政策。

一是按时限制定配套政策。要依照法律规定，分清轻重缓急，及时把官兵急盼、实践亟需的政策制定出来。依据《立法法》第六十二条的规定，"法律规定明确要求有关国家机关对专门事项作出配套的具体规定的，有关国家机关应当自法律施行之日起一年内作出规定，法律对配套的具体规定制定期限另有规定的，从其规定"。如果有关国家机关未能在法定期限内作出配套的具体规定的，应当向全国人民代表大会常务委员会说明

① 笔者为官兵开展法律咨询遇到的真实案例，引用内容为某单位给军人家属的答复。

情况。

二是按职责制定配套政策。由于军人权益保障是一项系统工程，涉及多个领域、多个部门、多个地域，其配套政策需要多点用力，打好“组合拳”。从制定主体看，有的需要国务院、中央军委单独或联合制定行政法规、军事法规，有的已授权省、自治区、直辖市制定具体办法，各省、自治区、直辖市可以结合本地实际情况，以贯彻上位法为原则，因地制宜抓紧制定相关地方性法规。各级职能部门需要积极作为，主动担当，大胆创新。除此之外，还应加强部门之间的横向联系，协同开展配套政策的制定实施。各类军人权益保障政策分属不同的政策领域，涉及众多职能部门，有的事项可由某个部门单独完成，有的则需要各个部门协同行动、联合实施，因此，可在政策制定环节开展协同决策，共同制定、联合颁发政策文件。

三是按事项细化配套政策。从规范事项上看，有的已有法律予以明确，比如《军人地位和权益保障法》第四十三条规定，“军人户籍管理和相关权益保障办法，由国务院和中央军事委员会规定”。有的虽然没有法律上的明确要求，但为了更好地贯彻落实军人权益保障的法律精神，相关职能部门应当主动作为，依法制定配套政策制度。可以说，几乎所有的军人权益保障事项都需要配套法规政策予以支持。当前急需明确和细化的是涉及地方政府或职能部门管理的事项，比如公立医疗机构优待军人家属问题、军人军属住房保障问题，等等。

第八章　拓展军人权益保障的救济渠道

“无救济则无权利”，司法救济是公平正义的最后一道防线，是军人权益受到侵害时的重要补救措施。由于军人身份的特殊性、角色的多样性，军人权益的司法救济大致可分为以下几类：一是军人作为普通公民的权利被侵害时的司法救济，二是军人特殊权益受到侵害时的司法救济，三是军人作为军事行政相对人被军事机关侵权时的救济，四是军人军属作为犯罪嫌疑人时的法律帮助。下文将分别从四个方面展开。

第一节　军人作为公民的权利救济

军人作为穿着军装的公民，是公民中的一员，国家赋予普通公民的权利，军人军属当然享有。当军人的普通权利受到侵犯后，其救济途径跟普通公民的救济途径一样，通常包括诉讼途径和非诉讼途径，诉讼途径包括民事诉讼、行政诉讼、刑事诉讼，非诉讼途径包括自救自助、私人和解、法院调解、行政复议、仲裁等方式。司法实践中，值得探讨的有涉军案件的管辖问题、司法救济优先权的行使问题以及军人军属司法救助、法律援助等问题。

一、涉军案件的司法管辖

所谓司法管辖是法院受理一审案件的分工和权限，也即某个案件究竟由哪个地方、哪个级别、哪种性质的法院来受理。管辖问题关乎司法效率、司法正义、司法便利等问题，在实践中具有重要意义。处理涉军案件时，除了应遵循《民事诉讼法》《行政诉讼法》《刑事诉讼法》所确立的一般管理规则之外，更要关注军地司法机关之间的分工与协作。

从涉军民事案件来看，依据最高人民法院颁布的《关于军事法院管辖民事案件若干问题的规定》，下列民事案件，由军事法院管辖：(1)双方当事人均为军人或者军队单位的案件，但法律另有规定的除外；(2)涉及机密级以上军事秘密的案件；(3)军队设立选举委员会的选民资格案件；(4)认定营区内无主财产案件。下列民事案件，地方当事人向军事法院提起诉讼或者提出申请的，军事法院应当受理：(1)军人或者军队单位执行职务过程中造成他人损害的侵权责任纠纷案件；(2)当事人一方为军人或者军队单位，侵权行为发生在营区内的侵权责任纠纷案件；(3)当事人一方为军人的婚姻家庭纠纷案件；(4)《民事诉讼法》第三十三条规定的不动产所在地、港口所在地、被继承人死亡时住所地或者主要遗产所在地在营区内，且当事人一方为军人或者军队单位的案件；(5)申请宣告军人失踪或者死亡的案件；(6)申请认定军人无民事行为能力或者限制民事行为能力的案件。当事人一方是军人或者军队单位，且合同履行地或者标的物所在地在营区内的合同纠纷，当事人书面约定由军事法院管辖，不违反法律关于级别管辖、专属管辖和专门管辖规定的，可以由军事法院管辖。当事人住所地省级行政区划内没有可以受理案件的第一审军事法院，或者处于交通十分不便的边远地区，双方当事人同意由地方人民法院管辖的，地方人民法院可以管辖，但涉及机密级以上军事秘密的案件除外。由此可见，涉军民事案件的管辖，既有强制性的规定，又有当事人申请或书面约定的特殊情形。当事人可根据实际情况，依法选择相应的司法机关审理涉军案件。

从涉军刑事案件来看，依据最高人民法院、最高人民检察院、公安部、国家安全部、司法部和原总政治部印发的《办理军队和地方互涉刑事案件规定》,办理军地互涉刑事案件,根据人员的身份、作案地点等因素,确立了以下规则:(1)对军人的侦查、起诉、审判,由军队保卫部门、军事检察院、军事法院管辖。军队文职人员、非现役公勤人员、在编职工、由军队管理的离退休人员,以及执行军事任务的预备役人员和其他人员,按照军人确定管辖。(2)对地方人员的侦查、起诉、审判,由地方公安机关、国家安全机关、人民检察院、人民法院管辖。(3)发生在营区的案件,由军队保卫部门或者军事检察院立案侦查;其中犯罪嫌疑人不明确且侵害军事利益的,由军队保卫部门或者军事检察院与地方公安机关或者国家安全机关、人民检察院,按照管辖分工共同组织侦查,查明犯罪嫌疑人属于本规定第四条第二款规定管辖的,移交地方公安机关或者国家安全机关、人民检察院处理。(4)发生在营区外的案件,由地方公安机关或者国家安全机关、人民检察院立案侦查;查明犯罪嫌疑人属于军人及军队管辖人员的,移交军队保卫部门或者军事检察院处理。(5)军人入伍前涉嫌犯罪需要依法追究刑事责任的,由地方公安机关、国家安全机关、人民检察院提供证据材料,送交军队军级以上单位保卫部门、军事检察院审查后,移交地方公安机关、国家安全机关、人民检察院处理。(6)军人退出现役后,发现其在服役期内涉嫌犯罪的,由地方公安机关、国家安全机关、人民检察院处理;但涉嫌军人违反职责罪的,由军队保卫部门、军事检察院处理。(7)军地互涉案件管辖不明确的,由相应级别的军地司法机关协商确定管辖;管辖有争议或者情况特殊的案件,由军委政法委保卫局与公安部、国家安全部协商确定,或者由解放军军事检察院、解放军军事法院报请最高人民检察院、最高人民法院指定管辖。

从涉军行政案件来看,军队内部的行政争议案件,按照军事行政诉讼的有关制度执行。对于地方行政机关在行政执法管理中与军人军属发生争议的,可按照普通的行政复议以及行政诉讼途径解决,具体操作程序按照《行政复议法》《行政诉讼法》的规定执行。

二、司法救济优先权的行使

司法救济优先权不仅是军人特殊权益的重要内容之一，而且是维护军人合法权益的重要保障，是权利之上的权利。根据《军人地位和权益保障法》的规定，军人军属及遗属依法向人民法院提起诉讼的，人民法院应当优先立案、审理和执行。在实践中，究竟如何让司法救济优先权落到实处呢？这需要法院系统的配套政策以及各地法院的务实举措。

从配套政策来看，最高人民法院发布的《关于进一步加强人民法院涉军案件审判工作的通知》（法[2010]254 号）和《关于进一步发挥职能作用维护国防利益和军人军属合法权益的意见》（法[2014]271 号）等规范性文件，不仅确立了优先立案、优先审结、优先执行的原则，而且对如何做到优先提供了操作性指南。比如，有需求有条件的人民法院应当在立案大厅设立涉军案件立案窗口，加强诉讼引导；凡是符合立案条件的，要做到尽快受理，及时将诉讼材料移送涉军案件审判组织；对边海防和驻地偏远的部队及军人军属，可以通过上门、远程、信函、传真等多种方式立案；军队一方当事人为申请执行人的，要加大执行力度，必要时可请上级人民法院提级执行或指令其他人民法院执行；有需求、有条件的人民法院，可以通过设立专门的涉军案件执行机构、确定相对固定的执行人员等方式，提高案件执行效率，保障案件执行效果。除了最高人民法院发布的指导性意见之外，有的地方法院或军事法院也发布一些规范性文件。比如，2017 年安徽省高级人民法院与合肥军事法院联合发布了《关于加强军地法院协作工作的通知》（皖高法[2017]26 号），明确“全省各级人民法院在诉讼服务中心设立涉军案件立案窗口或涉军维权咨询站，开辟‘绿色通道’，在民一庭设立涉军维权案件合议庭，选任现役军人、退役军人或军属担任人民陪审员，落实涉军案件信息通报和重大涉军案件督办等制度”。

为了让法律制度落地，让维权工作落实，各地还创造了许多好做法好经验，比如西部战区七省区市多次召开协作会议，不断提高涉军维权工作水平；湖北法院不断强化制度保障，坚持把调解工作作为化解涉军纠纷的主要方式，并将其贯穿涉军案件审理全程；福建法院抓好诉非衔接工作，做好双方当事人思想工作，注重涉军案件实质性化解；河南法院通过“五级联动”工作网络，第一时间处理涉军维权案件纠纷，做到小事不出村（社区）、大事不出县，确保涉军案件得到及时处理。①在长期的涉军维权实践中，全国已产生了一批维权先进典型，形成了一些成熟的经验和模式，其中影响较大的有“信阳模式”“汤阴经验”等。涉军维权“信阳模式”的内核为“用心、用情、用法”，在该维权模式的创立发展过程中，领导坚强有力，得到了最高人民法院、河南省委、河南省高级人民法院、信阳市委、解放军郑州军事法院等单位的高度重视和指导支持；“信阳模式”注重军地协同互动、法院协作联动，制定了《关于建立军地联席会议制度的意见》《加强区域司法协作推进大别山革命老区振兴发展框架协议》等多项规范性文件，建立了良好的协作机制；“信阳模式”注重用情服务，强化拥军优属教育，凝聚拥军优属情感认同，将革命前辈、退役军人、军属遗属纳入涉军维权服务对象；坚持用法维权，兼顾程序优先与实体公正，在法律规定的原则和幅度内，既坚持特事特办、急案快办，又坚持依法公平公正处理，平等保护双方当事人合法权益，努力让人民群众在每一个司法案件中感受到公平正义。②

涉军维权“汤阴经验”创立于20世纪90年代中后期，当时面对部队官兵及其亲属涉法涉诉案件增多的实际，汤阴县人民法院积极探索，在全国率先创立了“司法拥军、巩固国防、诉内维权、诉外服务、军地共建”的涉军维权工作模式，创造性走出了一条司法拥军的新路子，被誉为“汤阴经验”在全国推广。汤阴县法院被授予全国“爱国拥军模范单位”，成为全国

① 白龙飞：《用心用情用法拥军强军兴军——人民法院涉军维权工作综述》，《人民法院报》2020年5月27日。

② 周青莎、张振芳：《用心用情用法做“钢铁长城”的坚实后盾——涉军维权“信阳模式”实践创新工作纪实》，《河南日报》2020年7月28日。

法院系统首家获此殊荣的单位。[①]

第二节　军人特殊权益救济

如前文所述，军人特殊权益主要包括政治权益、荣誉权益、物质生活保障权益、保险权益、抚恤权益、优待权益、优先权益、军人家庭保障权益、退役保障权益等。从法律规定和实践来看，当军人特殊权益受到侵害时，可以灵活选择多种救济方式，重点是增强行政诉讼质效、强化军事检察公益诉讼成果。

一、灵活运用多种救济手段

由于军人特殊权益类型多样，涉及的义务主体众多、法律关系复杂，需要根据法律关系的性质和案件的具体情况，选择不同的救济方式。事实上，《军人地位和权益保障法》第六章明确了不同的法律责任，为军人权益救济提供了全面的救济思路。具体而言，主要有以下救济方式。

一是追究渎职的法律责任。当国家机关及其工作人员、军队单位及其工作人员，在军人权益保障工作中滥用职权、玩忽职守、徇私舞弊的，由其所在单位、主管部门或上级机关责令改正，对负有责任的领导人员和直接责任人员依法给予处分。

二是追究不履行优待义务的法律责任。当群团组织、企业事业单位、社会组织和其他组织不履行优待义务时，由有关部门责令改正，对直接负责的主管人员和其他直接责任人员，依法给予处分。

三是追究侵害军人荣誉权、名誉权的法律责任。军人荣誉权益是一项内涵深、外延广的权益，实践中的侵权行为较为多发、形式多样，前文在对军人权益进行类型化研究时，已专门就军人荣誉权的救济方式进行了

① 周青莎：《涉军维权“汤阴经验”创立二十年，擦亮司法拥军的河南品牌》，《河南日报》2017年7月24日。

详细论述，此处不再展开。需要说明的是，《军人地位和权益保障法》结合实践中常见的荣誉权、名誉权受侵现象，细化了法律责任，规定“通过大众传播媒介或者其他方式，诋毁、贬损军人荣誉，侮辱、诽谤军人名誉，或者故意毁损、玷污军人的荣誉标识的，由公安、文化和旅游、新闻出版、电影、广播电视、网信或者其他有关主管部门依据各自的职权责令改正，并依法予以处理；造成精神损害的，受害人有权请求精神损害赔偿”。

四是根据行为主体以及情节轻重分类追究民事、行政和刑事责任。比如，民事主体侵害军人合法权益，造成财产损失或其他损害的，可提起民事诉讼追究民事责任；涉嫌违反治安管理处罚法的，可向公安机关报警依法给予治安管理处罚；涉嫌犯罪的，可向司法机关报案，依法追究刑事责任；构成行政侵权的，可依法提起行政诉讼。

二、增强行政诉讼的救济质效

由于军人特殊权益的保障与地方政府行政行为有着紧密的联系，行政机关是否依法行政、合理行政直接影响军人权益的实现程度。行政诉讼是解决行政争议、化解矛盾纠纷的重要手段，有利于缓解信访的压力。

行政诉讼虽然是一把维权“利剑”，但若缺乏高招的“剑术”，也难以发挥其应有功能。经检索中国裁判文书网，发现涉及军人特殊权益的行政争议主要有：退役安置争议、残疾评定争议、抚恤金及优待金发放争议、退役军人工龄计算争议、遗属抚恤优待资格认定争议、军人离婚登记争议、军人优先权争议等。从诉讼结果来看，既有原告胜诉的，又有原告败诉的（含不予立案、驳回起诉等）。下文结合司法实践中的案例，探讨一下行政诉讼维权的注意事项，特别要依法提升诉讼技能。

从一些败诉案例来看，除了事情本身的是非曲直之外，原告方的诉讼技能也影响了案件的最终走向。经统计分析，常见的败诉案件主要有以下几种类型：

一是不按规定提供诉讼材料。比如，安徽省合肥市庐阳区人民法院行政裁定书（[2021]皖0103行初40号）认为，“起诉人孙某香以安徽省退役军人事务厅为被告，请求判令安徽省退役军人事务厅给予其因公致残认定，并对伤残等级评定，向其发放《中华人民共和国残疾军人证》。本院收到起诉人邮寄的起诉材料，经审查，起诉材料中无其向安徽省退役军人事务厅提出申请及该方收到申请、答复等相关材料，本院于2020年12月15日作出书面告知书并予以邮寄，请孙某香在收到本告知书7日内，补充提交向安徽省退役军人事务厅提出申请要求其履行职责的证据及安徽省退役军人事务厅的答复等相关证据材料。孙某香的委托诉讼代理人于2020年12月18日收到本院告知书。现本院再次收到起诉人孙某香邮寄的起诉材料，起诉材料未按告知书的要求提供相关材料；另孙某香提交的材料显示安徽省民政厅根据《信访条例》和《国家信访局关于进一步规范信访事项受理办理程序引导来访人依法逐级走访的办法》的有关规定，于2016年4月21日作出民访（2016）039号书面回复，告知孙某香到合肥市民政局反映。合肥市民政局根据《信访条例》和《国家信访局关于进一步规范信访事项受理办理程序引导来访人依法逐级走访的办法》的有关规定，于2016年4月22日向孙某香书面回复，告知其到庐江县民政局反映。庐江县民政局亦于2016年8月3日向安徽省民政厅作出了庐民字（2016）97号《关于孙某香要求评残有关情况的报告》。综上，本案孙某香的诉请事项系行政机关针对其信访事项作出的受理、交办、转送等行为，不属于人民法院行政诉讼的受案范围。对于孙某香的起诉，本院不予立案”。①

二是起诉的被告不适格。比如，退役伤残军人祁某友因抚恤优待纠纷，将辽阳市太子河区祁家镇人民政府作为被告向法院提起了行政诉求，诉讼请求如下：“一、从2008年起恢复并补发伤残军人旧伤复发住院治疗期间工伤保险待遇；二、从2008年起恢复并补发在乡伤残军人优待金；三、从2008年起恢复并补发因战伤残军人抚恤金（补发因战与因公差

① 安徽省合肥市庐阳区人民法院[2021]皖0103行初40号行政裁定书。

额)；四、恢复因旧伤复发治疗期间，本人支出大于收入造成生活困难帮扶援助方式。”该案经过一审、二审和再审，最终以原告败诉告终。辽宁省高级人民法院行政裁定书([2020]辽行申593号)认为，“祁某友的诉讼请求属于人民法院行政诉讼受案范围，但其所诉的辽阳市太子河区祁家镇人民政府不是本案的适格主体，故原审对祁某友的起诉裁定不予立案并无不当。驳回祁某友的再审申请”。依据《军人抚恤优待条例》第五条第一款规定：“国务院退役军人事务部门主管全国的军人抚恤优待工作；县级以上地方人民政府退役军人事务部门主管本行政区域内的军人抚恤优待工作。”因此，本案作为抚恤优待的行政争议案件，适格的被告应为原告所在县的退役军人事务部门，但原告将辽阳市太子河区祁家镇人民政府列为被告，显然是错误的。

三是诉讼请求或事项不符合规定。司法实践中，有的诉求转业安置的身份待遇问题、诉请改变政府发布的规范性文件等均以原告败诉而告终。比如，胡某安与三亚市人民政府变更规范性文件及行政赔偿纠纷一案([2014]三亚行初字第1号)，原告胡某安诉称“原告系残疾军人，依照《军人抚恤优待条例》第三十六条的规定，残疾军人优先购票乘坐境内运行的火车、轮船、长途公共汽车以及民航班机；残疾军人享受减收正常票价50%的优待。免费乘坐市内公共汽车、电车和轨道交通工具。但被告三亚市人民政府于2013年8月1日实施的《三亚市公交财政补贴资金管理暂行办法》第十二条第(二)项却规定，残疾军人超出市中心城区外乘坐城乡公交车的按实际发生额7折由个人付费。因公共汽车交通只有市内交通和长途交通之分，即使把城乡之间的交通视为长途交通，也仅按5折收费。故被告的此项规定与《军人抚恤优待条例》第三十六条的规定相抵触，依法应予以修改或变更。因被告的行政行为侵害了原告的合法权益，故应判令其赔偿原告各项经济及精神损失人民币2万元”。被告三亚市人民政府辩称：“三亚市人民政府于2013年8月1日实施的《三亚市公交财政补贴资金管理暂行办法》系行政规范性文件，属抽象行政行为。依

《中华人民共和国行政诉讼法》的规定，不属于人民法院行政诉讼案件的受理范围，故应驳回原告的起诉。”海南省三亚市中级人民法院最终支持了被告的主张，裁定驳回原告胡某安的起诉。

三、用好军事检察公益诉讼开辟涉军维权新天地

开启军事检察公益诉讼是国家公益诉讼制度的重大拓展，也是军事政策制度改革的重要成果。军事检察公益诉讼的主要任务是服务强军目标、服务备战打仗、服务依法治军，维护国防和军事利益。自 2018 年下半年以来，全军检察机关认真贯彻落实最高人民检察院和中央军委政法委部署，积极开展军事检察公益诉讼试点探索工作，办理了一批典型案例，取得了良好成效。由于军事检察公益诉讼是一项开创性的制度，社会和部队对其了解程度还比较有限。为此，需要从理论层面阐明军事检察公益诉讼的现实意义、法理基础，并研究其发展进路，以推动形成军事检察公益诉讼的实践合力和长效机制。

（一）军事检察公益诉讼是维护国防和军事利益的法治利剑

“兵者，国之大事，死生之地，存亡之道，不可不察也。”国防和军事问题事关国家的存亡和人民的安康，属于公共利益的核心内容，理应受到最高程度的重视。党和国家历来高度重视国防和军事利益，用立法确立制度，用执法保障实施，用普法宣传引导，塑造了维护国防和军事利益的整体态势。

建立军事检察公益诉讼制度，实质上是找一个适格且强势的主体，让检察机关充当原告的角色，利用司法介入的手段，通过司法监督的方式来促进依法行政，进而维护国防和军事利益。通过实践来看，检察机关介入之后，充分发挥法律监督职能，啃下了多块硬骨头，解决了一系列棘手问题甚至历史遗留问题。比如，河南省人民检察院与郑州军事检察院联手通过公益诉讼的方式纠正了英雄烈士纪念设施管理保护不力的问题；河北省张家口市人民检察院与石家庄军事检察院启动公益诉讼程序，督导

军粮系统整治违规领取军粮差价补贴款问题，防止了国有资产流失；江苏省检察院与南京军事检察院携手解决了军用输油管线安全隐患排除问题；安徽省肥东县人民检察院与合肥军事检察院联手解决了净空区军事安全受侵害的问题；山西大同铁路运输检察院与石家庄军事检察院携手解决了国防光缆安全受侵害的问题；拉萨军事检察院与西藏自治区人民检察院协作解决了军用土地受侵害的问题；杭州军事检察院与杭州铁路运输检察院共同维护军人出行优先权益保障，等等。上述典型案例中，军地检察机关主动拓展案件线索，深入进行调查取证，适时发出检察建议，督促有关机关依法履职，有力维护了国防和军事利益。一件件公益诉讼案件，亮出了涉军维权的法治利剑，印证了军事检察公益诉讼制度势在必行、行之有效。

（二）实施军事检察公益诉讼具有充分的政策法理依据

在回答了军事检察公益诉讼制度的必要性和可行性之后，需要进一步探讨其合法性和正当性，这是法治国家、法治社会思考问题的自然逻辑。当人们从思想深处认识到军事检察公益诉讼制度合法合理之后，才能发自内心地理解它、支持它、参与它。军事检察公益诉讼制度作为国家公益诉讼制度的组成部分，其法理基础根植于国家公益诉讼制度，具体体现在以下三个方面。

第一，党中央的决定为拓展公益诉讼范围（包括军事公益诉讼）提供了根本遵循。党的十八届四中全会作出的《中共中央关于全面推进依法治国若干重大问题的决定》在“优化司法职权配置”部分提出，“探索建立检察机关提起公益诉讼制度”，在深入推进依法治军从严治军部分提出，“改革军事司法体制机制，完善统一领导的军事审判、检察制度，维护国防利益，保障军人合法权益，防止打击违法犯罪”。党的十九届四中全会通过的《中共中央关于坚持和完善中国特色社会主义制度推进国家治理体系和治理能力现代化若干重大问题的决定》，明确要求“拓展公益诉讼案件范围”。国防和军事利益属于重要的公共利益，将其纳入公益诉讼案件范围，顺理成章，符合党中央的决策意图。

第二，多部法律为开展军事检察公益诉讼预留了空间。我国现行法律制度中，涉及检察公益诉讼制度的法律主要有《军人地位和权益保障法》《民事诉讼法》《行政诉讼法》《英雄烈士保护法》《人民检察院组织法》《检察官法》等。其中，《行政诉讼法》和《民事诉讼法》正式确立了检察公益诉讼制度，并采取不完全列举的方式规定了受案范围，在罗列常见的四类典型案件之后，加了一个“等”字。在实践中，围绕这一规定的“等”字究竟应当作“等”内解释还是“等”外解释产生了一些分歧。笔者认为，法律语言力求精练准确，字字千钧，此处的“等”字绝非可有可无的虚词，应视为不完全列举的提示，国防和军事利益正是“等”内的重要组成部分。除此之外，2018 年 4 月颁布的《英雄烈士保护法》，明确检察机关可以就侵犯英雄烈士姓名、肖像、名誉、荣誉，损害社会公共利益的行为，在英烈近亲属不提起诉讼的情况下，提起民事公益诉讼，拓展了公益诉讼的办案范围。新修订的《人民检察院组织法》和《检察官法》，进一步明确规定了公益诉讼检察职权。

第三，最高司法机关出台的司法解释为统一办理检察公益诉讼案件提供了指引。司法解释是法律在司法适用中的细化和具体化，是司法机关办案的操作指南。2018 年 3 月 2 日，《最高人民法院、最高人民检察院关于检察公益诉讼案件适用法律若干问题的解释》公布实施，该解释明确了诉前程序与诉讼程序的关系，明确了检察院在公益诉讼中的法律地位，赋予了相应的诉讼权利和义务，增加了刑事附带民事公益诉讼的诉讼样式，简化了生效判决的执行程序。2020 年 5 月 11 日，最高人民检察院与中央军委政法委联合发布了《关于加强军地检察机关公益诉讼协作工作的意见》，建立了军地检察机关协作办理公益诉讼案件的工作机制，明确了协作案件范围、协作案件管辖、线索移送、调查取证、诉前程序、提起诉讼、联合开展专项行动等内容，有利于形成军地检察机关共管、共治、共护国防和军事利益的工作格局。

（三）推动军事检察公益诉讼深入发展的努力方向

前述已阐明军事检察公益诉讼制度具有必要性、可行性、合法性和正当性，概言之，军事检察公益诉讼制度是一项利国利军利民的好制度，必须坚持好、发展好。当前，应着力从以下方面着手，推动军事检察公益诉讼工作走深走实。

一是加强舆论引导，凝聚维护国防和军事利益的共识。任何诉讼都会产生原告、被告甚至第三人的利益博弈，公益诉讼也不例外。特别是军事公益诉讼案件大多军地互涉，牵涉的利益面广，在维权过程中难免会触犯部分组织或个人的既得利益，在督促职能部门依法行政的过程中也易生成反感或抵触情绪。对此，沟通、宣传和舆论引导显得尤为重要。要加强国防和军事法治宣传教育，让广大民众认识到国防利益、军事利益和军人合法权益都是国家利益和社会公共利益的重要组成部分，保护军事设施、回收军用土地、维护军用飞机的净空安全等维权行为是为了建设强大国防，而不是与民争利，让广大民众自觉加入维护国防和军事利益的行列当中。要加强与军地行政机关的沟通，阐明检察机关与行政机关在维护公益方面具有相同立场和共同愿景，开展公益诉讼只是从司法监督层面增加了一道维权防线，检察监督的取向在于实现监督方、被监督方、人民群众等多重主体的共赢。在办理军事公益诉讼具体案件过程中，要关注网络、媒体的舆论动向，防止不当舆情炒作，必要时应主动积极发声，掌握舆论阵地的主动权。

二是注重协作联动，拓展案件线索来源。开拓案源对于军事检察公益诉讼而言意义重大。首先，要发动广大官兵提供案件线索。维护国防和军事利益、维护军人合法权益，契合广大官兵的内在需求，因而部队官兵是军事检察公益诉讼的活水源头。要在主流媒体、军用网络等载体经常发布军事检察公益诉讼的消息；要在“送法进军营”等活动中把军事检察公益诉讼作为重点内容突出体现；要建立统一的公益诉讼举报电话或邮箱，畅通线索举报渠道。其次，要积极争取部队党委领导支持。军事检察机关应主动与辖区部队党委和政法委领导汇报党中央、最高人民检察院和军委政法委对公益诉讼工作的决策部署，介绍开展公益诉讼的现实意义，让部队自觉把公益诉讼纳入全面建设的范畴。最后，要加强与地方部门的协作。当前，军地检察机关已建立了良好的协作机制，形成了制度成果。下一步，可把这种方法延伸出去，加强与军地法院的协作、与军地行政机关的协作。

三是总结实践成果，完善制度机制。实践出真知，实践的成果既需要理论的总结，又需要制度来巩固。军事检察机关通过前期的探索试点，办理了一批典型案件，涉及各个领域，采取了不同的方法，具有诸多可圈可点之处。下一步，要加强对实践经验的总结提炼，归纳办案过程中带有规律性的东西，用制度的方式将切实可行的程序、方法、举措固定下来。完善军事检察公益诉讼制度可采取三步走的方法：第一步是制定局部范围的内部文件或规定，深入开展局部试点。第二步是将试点经验向全军推广，并制定全军性或全国性的规范性文件。第三步是经过长时间的实践检验后，在时机成熟时拿出修订完善行政诉讼法、民事诉讼法等基本法律的军方提案。

第三节　军人作为军事行政相对人的权利救济

在 2017 年 7 月 1 日之前，若军事机关侵犯了军人的合法权益，只能在军队行政系统内部通过申诉、控告、信访等方式寻求救济，并无司法救济的渠道。经中央军委批准，并经最高人民法院批复同意，军事行政诉讼试点工作于 2017 年 7 月 1 日正式启动。经过几年的实践探索，2023 年 2 月，中央军委政法委员会印发了《关于全面开展军事行政诉讼工作的通知》。军事行政诉讼工作的开启和全面展开，既是军事司法体制改革的一件大事，也是国家行政诉讼制度拓展的重大创举。建立军事行政诉讼制度对于维护官兵合法权益、促进军事机关依法行政、提高军队法治化建设水平具有重要意义。

一、当好军事行政诉讼的探路先锋

探索建立军事行政诉讼制度，先行试点、逐步推广，是中央军委《军事司法体制改革实施方案》明确的任务。试点作为一种工作方法，是链接顶层设计与实践探索的重要渠道，是探寻规律、发展制度的有效途径。军事行政诉讼试点正式启动后，当务之急就是要在特定的时间内高效摸索规律，在有限的范围内积累可复制、可推广的经验。

（一）探路的前提是营造正视行政诉讼的审判环境

丰富的案源和足够的案例是诉讼试点活动必不可少的条件，军事行政诉讼要想取得预期成果，首要前提是有案可办。诚然，司法要秉持被动属性，坚持“不告不理”，但并不意味着军事法院在诉讼试点活动中只能坐等观望。由于军队秩序观念较强，官兵的诉讼维权意识相对淡薄，厌诉怕诉心理还不同程度存在，如果缺乏必要的宣传教育引导，恐怕军事行政诉讼试点首先将面临“无米下锅”的问题。这就需要试点单位发挥能动作用，大抓审判环境建设，为试点活动起步开局创造条件。可喜的是，中央军委政法委、解放军军事法院等单位采取授权媒体发布新闻通稿、印发宣传教育提纲、出台审理意见、开辟专题网页等方式积极进行舆论引导，广泛开展宣传教育，为试点活动顺利展开创造了良好的外部环境。但由于军事行政诉讼是新生事物，部队官兵有一个了解、认同和接受的过程，宣传教育引导将是一项长期任务。当前，可从以下几方面深入展开。

要大力宣讲军事行政诉讼必要性理论。只有理论清醒，才会有行动自觉。如果军事行政诉讼的必要性得到军队各级机关和广大官兵认同，试点工作就能得到方方面面的理解、配合和支持。是否要建立军事行政诉讼制度，曾经是一个饱受争议的话题。早在我国行政诉讼法制定之初，学术界就对军事行政诉讼开展理论研讨，呈现出正反两派观点，否定学说一度成为主流。随着依法治国的全面推进、依法治军从严治军的深入推进，尤其是国家行政诉讼制度的不断完善、军事司法体制改革的深入展开和军人法治观念、权利意识的增强，主张建立军事行政诉讼制度的呼声越来越高，当前已成为学术界的普遍共识，发表的诸多论文已从理论上对其必要性、正当性和重要性作了较为充分的阐释。当前，要做好学术思想大众化、普及化，教育引导大家从权利救济角度理解军事行政诉讼制度的意义，认清军人作为“穿着军装的公民”，其合法权益应受到保护，军事行政诉讼是预防和纠正行政侵权行为的重要手段；教育引导大家从权力监督角度理解军事行政诉讼制度的意义，认清给军事行政权戴上司法“紧箍”是权力监督的重要途径；教育引导大家从治军方式转变角度理解军事行政诉讼制度的意义，认清军事行政诉讼的法治倒逼功能，必将助推各级军事机关及其工作人员提高依法行政水平。

要预防军事行政相对人的怕诉心理和军事行政主体的扰诉现象。对此，试点法院要为权益受侵的行政相对人撑腰打气，协同相关单位防范打击报复问题的发生。从以往的民事司法实践情况看，有少数军事单位或人员对待诉讼的态度比较消极怠慢，不出庭应诉、不执行生效判决的现象并不罕见。在军事行政诉讼活动中，军事行政主体是否会采取行政手段干预司法，是否会消极应付行政审判？恐怕都需要预防在先。当前，解放军军事法院印发的《关于试行审理军事行政案件若干问题的意见》（以下简称《审理意见》），从被告的诉讼义务和执行措施等方面作了较为细致的规定，应该能起到警示预防作用。另外，还可以参照中共中央办公厅、国务院办公厅印发的《领导干部干预司法活动、插手具体案件处理的记录、通报和责任追究规定》，建立防止干预司法的“防火墙”和“隔离带”。

（二）探路的重点是摸索带有军味的行政诉讼规律

探索建立的军事行政诉讼制度，既要符合国家法治要求，又要符合军队建设实际；军事行政审判，既要考虑法律效果，又要兼顾社会效果、政治效果和强军效果。为此，试点工作应当在国家行政诉讼的法治框架内，大胆创新，勇于开拓，探索建立一套特色鲜明、实在管用的军事行政诉讼制度。军事行政诉讼的特点规律蕴含于建军治军规律之内，体现在军队建设的火热实践之中，试点工作必须直面现实、紧贴实践。

要牢牢把握政治建军根本要求，运用法治强制力捍卫党对军队绝对领导的根本原则和制度，确保党的决策部署在军事行政领域的贯彻落实。在试点工作中，要准确区分军队党组织行为和军事行政行为，一方面，对于以军队党组织名义作出的行为坚决不予受理，另一方面，又要防止军事机关及其工作人员借用党组织名义来规避行政诉讼。这就需要军事法院的审判人员，具备高超的政治智慧和娴熟的法律技能，准确掌握《中国共产党军队委员会（支部）工作规定》等党内法规精神，采取调取党委或党支部会议记录本、询问与会人员等方式客观还原案件真相，不枉不纵地开展立案工作。

要牢牢把握军队备战打仗的根本职能和建设管理的特点规律，控制好行政诉讼试点的速度、力度和节奏，确保部队高度集中统一和安全稳定。要准确区分军事指挥行为与军事行政行为，对于组织实施作战、非战争军事行动、战备工作等军事指挥行为坚决不予受理，以维护指挥权威，确保军令畅通、指挥高效。即使对于军队建设管理中的行政行为，也要圈定合理的范围，把可诉的军事行政行为进一步类型化、具体化，防止个别行政相对人滥用诉权，预防干扰行政和浪费司法资源的现象出现。应该说，《审理意见》确定的六类可诉行政行为，准确把握了军队建设管理的实践现状，符合先易后难、循序渐进的改革试点方法论原理。试点法院要以《审理意见》为指导，有章可循、有条不紊地开展工作，力争办理一批具有典型意义的精品案件。

要牢牢把握依法治权这个关键，建立健全对军事机关履职用权的司法监督制度机制，促进军事司法与军事行政良性互动，推动实现治军方式“三个根本性转变”。在试点活动中，要准确把握“土政策”与规范性文件的界限，善于发挥司法能动作用，旗帜鲜明地反对“土规定”“土政策”，防止军事机关以“红头文件”的名义侵犯官兵权益，倒逼军事行政机关提高依法行政水平。在军事行政诉讼中，试点法院虽然不受理抽象行政行为，但是可按《行政诉讼法》《军事立法工作条例》的规定，依原告的申请，对战区、军兵种以下单位制定的规范性文件进行附带审查，作出是否合法的结论，并向制定机关提出处理建议。通过对具体军事行政行为的合法性审查和对规范性文件的附带审查，全力纠治行政违法行为，树立依法治军、依法行政的鲜明导向。

（三）探路的目标是转化运用试点成果

试点作为一种实践探索，对于制度构建的意义是不言而喻的。在军事行政审判试点期间，必须同步设计试点成果的评估转化机制，切实让试点工作不忘初心，发挥其制度探路功能，起到以点带面的作用，为军事行政诉讼制度的构建奠定实践基础。

要建立健全试点效果评估机制。在评估主体上，要成立专门的试点评估机构，可在军委政法委、解放军军事法院等部门主导下，广泛吸纳不同身份的人员参与，既要有军事行政主体的代表，又要有军事行政相对人代表，既要有司法实务部门人员，又要有法学领域的专家学者，切实做到集思广益，发扬民主，确保评价结果的客观性、公正性，也为正式制度的出台奠定群众基础。在评估方法上，既要有鉴定式总结，更要有解剖式分析，既要通过个别访谈、座谈会、研讨会等形式来获取主观感受和评价，更要通过对数据的收集、统计、分析来得出客观性结论。在评估指标上，要兼有政治、法治和军事考量，政治评价指标重在检验试点是否坚持了正确的政治方向，是否符合政治建军、改革强军和依法治军的基本要求，是否符合国家和军队关于司法体制改革的纲要性文件精神；法治评价指标主要检测试点活动是否遵循了法治精神，是否符合行政诉讼法的基本原理，是否做到于法有据；军事评价指标主要是指改革试点是否服从战斗力标准，是否能提升军心士气，是否适应打赢信息化战争和完成多样化军事任务的需要。

要建立健全试点成果转化运用机制。试点的价值在于为正式制度的建构铺路搭桥，为法律文本的制定提供实践依据。军事行政诉讼试点活动结束后，要及时进行复盘总结、全面评估成果，并据此研究制定军事行政诉讼制度，推动立法工作。试点成果的转化运用，可通过三步展开：首先是要从大量的试点案例中合并同类项，寻找具有普遍性、规律性的成果，切实把可复制、可推广的经验总结好；其次是要把试点结果与顶层设计的方案进行比对，主要是通过实践来检验试点方案，优化《审理意见》，全面梳理出需要坚持的内容、需要修正的内容、需要拓展的内容、需要摈弃的内容等，以增强军事行政诉讼制度的操作性、针对性和实效性；最后是将试点成果运用到军事行政诉讼制度的立法工作之中，据此研究立法模式、提出立法计划、拟制法律草案等。

综上所述，试点工作的开展，标志着我国军事行政诉讼制度迈出了实质性的一步，这不仅是改革完善军事司法体制的一件大事，也是丰富拓展国家行政诉讼制度的重大创举。但是，试点毕竟还只是一种探索，试点的效果不仅取决于对试点过程的程序规制，也有赖于审判环境的改善，依靠行政与司法的良性互动，更取决于试点法院工作人员的务实创新实践。我们期待着，通过试点军事法院的积极探索，为军事行政诉讼制度的全面建立奠定扎实的基础，为加强对军事行政权的监督、维护官兵合法权益、促进法治军队建设开辟新的有效途径。

二、界定军事行政诉讼受案范围的方法探究

经中央军委批准，并经最高人民法院批复同意，军事行政诉讼试点工作自 2017 年 7 月 1 日起正式启动。计划在一定时间内，通过部分军事法院的局部实践，为全面建立军事行政诉讼制度积累经验、创造条件。[①]无论是试点探路，还是今后全面建立军事行政诉讼制度，受案范围都是一个无法回避的核心问题，因为它决定着军事行政相对人权益受保护的范围，

① 徐占峰：《军事行政诉讼试点工作启动》，《人民法院报》2017 年 7 月 2 日。

决定着军事行政行为接受司法审查的范围,决定着军事行政权、军事司法权、军人正当权利三者之间的交集和边界。界定军事行政诉讼受案范围需要借助科学的认识方法和配套的表达方式,以确保在逻辑上自圆其说,在实践中有章可循。

(一) 运用分类法将可诉的军事行政行为一分为二

军事行政行为林林总总、样式各异,在繁杂的现象中挑选可诉的行为,如同大海捞针,实属不易。这需要借助分类法将其有序化、条理化、系统化。所谓分类法,是指按照事物的性质、特点等作为区分的标准,将符合同一标准的事物归属于一个集合的逻辑方法,能极大地提高认识效率和工作效率。运用不同的标准可对事物作不同的分类。鉴于国家行政诉讼制度已具有扎实的理论基础和成功的实践经验,可试图将国家行政诉讼制度作为基本参照系,寻找军事行政与普通行政之间的联结点,在求同存异中高效界定可诉的军事行政行为。

1. 依据军事行政权的军地属性区分可诉的军事行政行为类型

军事行政行为是军事行政权的外在表现形式,军事行政权的属性决定了军事行政行为的样式和内容。科学界定军事行政权的概念是研究军事行政诉讼相关问题的逻辑起点。"概念乃是解决法律问题所必须的和必不可少的工具,没有限定严格的专门概念,我们便不能清楚地和理性地思考法律问题。"[①]何谓军事行政权,学术界对此众说纷纭、莫衷一是,概括起来,主要有以下几种观点:一是国家行政权力从属说,认为军事行政权"是指依照国家宪法和法律赋予国家行政机关和军事机关开展军事行政活动的权力。是国家行政权的组成部分。包括军事行政立法权、军事行政执法权、军事行政司法权"。[②]这种观点,尽管看到军事行政权带有国家行政权的痕迹,但是未揭示军事行政权的矛盾特殊性,特别是在外延上

---

① [美]E.博登海默:《法理学——法律哲学与法律方法》,邓正来译,中国政法大学出版社1999年版,第486页。

② 中国军事百科全书编审委员会编:《中国军事百科全书(第二版)·军事法总论(学科分册I)》,中国大百科全书出版社2008年版,第116页。

又将立法权、执法权与司法权列入军事行政权的下属概念，逻辑上比较混乱。二是军事权从属说，认为军事行政权是“军事行政主体依照宪法和法律，履行国防和军队建设事业而负有的职责和权力，它是国家军事权中不可或缺的重要组成部分”。[①]这种观点将军事行政权视为军事权的重要组成部分，军事特色比较突出，但是未能界定军事行政主体的范围，难以准确区分国防行政权与军事行政权，在军事行政诉讼中则难以把握军事行政诉讼与普通行政诉讼的界限。三是军事机关行政说，认为军事行政权“是指军事机关依据国家的宪法、法律、军事法规、规章和政策，对武装力量建设进行管理和执行的权力”。[②]也有学者从国防和军事区别角度对此定义进行了深化拓展，“认为军事行政权是指由我国宪法、法律、军事法规、军事规章赋予军事机关或军队组织执行法律规范、实施军事行政管理活动的权力，是军事权的组成部分，它不同于国防行政权”。[③]这种观点总体比较可取，揭示了军事行政权的权力来源，并将军事行政主体限定为军事机关或军队组织，能够与国防行政权相区别，符合矛盾特殊性原理，具有概念的应有功能。但对于概念的内涵外延还有进一步深化和细化的空间，特别是将行政法规排除在外，与现状不相吻合。

笔者认为，军事行政权是由我国宪法、法律、行政法规规章、军事法规规章赋予军事机关或军队组织执行法律规范、实施军事行政管理活动的权力，分为国家行政权在军队的延伸和军队独有的行政权两大类。为方便表述及交流，笔者将军事机关贯彻落实国家行政法律法规的行为称为延伸行政行为，将基于军事职业单独实施的行政行为称为特有行政行为。在建立军事行政诉讼制度中，对军事行政行为进行基本分类是至关重要的，对于延伸行政行为可直接参照国家行政诉讼制度执行即可，对于特有行政行为则要根据具体情况进一步界定。

---

① 张桂英：《军事行政法治论纲》，中国政法大学出版社 2008 年版，第 98 页。

② 田思源、王凌：《国防行政法与军事行政法》，清华大学出版社 2009 年版，第 34 页。

③ 毛国辉：《“军事”与“国防”关系辨析——基于行政权视角考量》，《西安政治学院学报》2014 年第 2 期。

2. 参照国家行政诉讼制度确定军队延伸行政行为的可诉范围

军队是一个社会化程度很高的组织，出于行政便利以及军队保密的需要，国家通过立法方式将涉及军职人员的部分行政权力越来越多地赋予军事机关，这就要求军事机关在许多情况下都要执行国家对全体公民普遍有效的行政法规，它依法作出的一些行政决定在效力和结果上已与其他国家行政机关无异。①军人作为“穿着军装的公民”，在履行保家卫国等特殊任务时，其作为公民的正当权利理应受到保护，当权利受到行政侵犯时，理所当然可得到相应救济。军队在实施延伸行政行为时，军事行政主体的地位类似于法律法规授权组织。军队到底实施了哪些延伸行政行为，目前尚未见到学术界有公开完整的论述。为了全面准确地界定军事行政受案范围，特别是为了方便立法中进行肯定式列举，当前有必要对典型的延伸行政行为进行系统梳理。

以军事行政行为的种类为标准，参照行政诉讼法，结合军队建设管理实践，可从以下儿方面合并同类项：

一是行政处罚行为。军内常见的行政处罚行为，包括暂扣或者吊销许可证和执照、没收违法所得、没收非法财物、罚款等，此类处罚行为虽然发生在军队，但其权源在国家，即使军队有具体的法规规章，但也是以国家法律或行政法规为基本依据。

二是行政许可行为。为了方便管理，军事机关承担了部分行政许可事项，包括核发军队医师资格证书、军队律师执业证、军队驾驶证等，这些行政许可事项基本上都是军地通用的，其基本依据和标准也是国家的法律法规，由于许可内容决定了军人是否具有从事某种活动的法律资格或法律权利，对军事行政相对人来说意义重大。因此，当军人申请获取相关资质时，军事机关拒绝办理或在法定期限内不予答复，或作出其他违法决定时，应当允许军事行政相对人提起行政诉讼。

---

① 刘世珠、左连壁、谢丹:《军事机关适用行政诉讼法的理论探讨》,《东北军事学术》1990年第4期。

三是行政给付行为。针对军人的常见行政给付行为，主要有发放抚恤金、保险金、退役金、随军未就业家属困难补助、军人军属医疗待遇等，此类行为的实施有的由军事机关独立完成，有的由军事机关与地方行政机关共同完成。比如，对病故军人家属发放保险金，由军队财务部门负责，但发放抚恤金，则由退役军人事务部门负责，但军事机关应提供证明材料，进行必要协助。这些行为具有很强的普通行政性质，自然属于延伸行政行为。

四是行政确认行为。常见的行政确认有军人因病基本丧失工作能力的医学鉴定和对因战因公因病致残残疾等级评定等，行政确认的法律依据既有国家行政法规规章，也有军事法规规章，但其基本依据和标准都与国家相关行政规定一致。比如，由民政部、人力资源和社会保障部、卫生部、原总后勤部联合发布的《军人残疾等级评定标准》，从制定主体来看，该规定应属行政规章与军事规章的联合体，其上位法依据是《军人抚恤优待条例》这一行政法规。又如，原总后勤部发布的《军人因病基本丧失工作能力医学鉴定标准》和原四总部联合发布的《军人因病基本丧失工作能力医学鉴定和因战因公因病致残残疾等级评定管理办法》所规定的职权职责、工作程序和细化标准等，均参照或贯彻了国家的相关规定。

五是行政保护行为。根据《政治工作条例》《办理军队和地方互涉刑事案件规定》等规定，军队保卫部门是军队负责安全保卫的专门机构，在军队营区负有保护军人人身权、财产权的法定职责。这一职责与人民警察对公民的保护职责类似。《人民警察法》第 21 条规定，“人民警察遇到公民人身、财产安全受到侵犯或者处于其他危难情形，应当立即救助；对公民提出解决纠纷的要求，应当给予帮助；对公民的报警案件，应当及时查处”。为便于行文及交流，笔者将此类行政行为概括为行政保护行为。若军队保卫部门拒不实施或延迟实施行政保护行为，造成损失的，应允许权利受损的官兵或军内单位提起行政诉讼。

3. 将严重影响军人权利义务的特有行政行为纳入受案范围

军队特有行政行为是出于军队建设需要，从军队秩序、战斗力生成等方面考虑而进行的管理和执法行为，具有较强的军事职业性。军队特有行政行为，大致可分为授益行政行为和限权行政行为两大类，前者是为了提升军心士气而设定的特殊权益保障，后者是针对军事职业的特殊要求而增设的义务或对权利的限制。军队特有行政行为是否可诉，应综合考虑法治要求和军事必要，结合官兵权利义务受影响的严重程度进行判断。从行为样式角度看，主要有以下几类特有行政行为需要探讨：

一是特殊的行政强制措施。最为严重的行政强制措施莫过于限制人身自由，依据《行政强制法》和行政法学相关原理，对于限制公民人身自由的强制措施一般只能由法律设定。但出于维护军队秩序、形象和纪律的需要，《中国人民解放军内务条令》《中国人民解放军警备条令》和《中国人民解放军纪律条令》等军事法规规定了一些独特的行政强制措施，其内容和要求都有别于普通行政强制措施，这体现了军事法注重整体秩序、强调军事利益的价值取向。《中国人民解放军内务条令》规定，纠察人员对不服从纠察和严重违反军容风纪的军人在必要时可予以扣留。《中国人民解放军警备条令》规定，警备工作人员在必要时可以扣留违法违纪人员、车辆和相关物品，可以采取必要的临时控制措施，对于被扣留的人员、车辆和相关物品可以进行临时看管（对军人的临时看管一般不超过 3 日，最长不超过 7 日）。《中国人民解放军纪律条令》规定了行政看管措施（时限一般不超过 7 日，经上级批准最长不超过 15 日），对有打架斗殴、聚众闹事、酗酒滋事、持械威胁上级或者他人、违抗命令、严重扰乱正常秩序等行为的人员，或者确有迹象表明可能发生逃离部队、自杀、行凶等问题的人员，可以实行行政看管。行政看管是维护秩序，制止严重违纪行为和预防事故、案件发生的一种特殊措施，具有军事性、临时性、预防性、强制性等特征。[①]由于《中国人民解放军警备条令》《中国人民解放军纪律条令》等

① 徐丹彤：《行政看管探究》，《法学杂志》2000 年第 6 期。

军事法规对临时看管和行政看管等行政强制措施都规定了适用条件和程序，且相关措施涉及军人人身自由权这种宪法赋予公民的基本权利，为促进军事机关依法行政，维护军事行政相对人的合法权益，对此类行政争议应当纳入受案范围。

二是特殊的行政审批措施。军队特有的行政审批事项主要有军人结婚离婚审批以及军人家属随军审批等，涉及军人及其家属重要权利义务。根据《军队人员婚姻管理若干规定》，现役军人申请结婚由有审批权限的单位政治机关负责审批，现役军人申请离婚的审批程序、权限与申请结婚的相同。只有政治机关出具相关证明后，方可进行结婚登记以及协议离婚或诉讼离婚。军队从政治安全、军事安全以及维护军人婚姻家庭稳定等角度考虑，对军婚依法进行相应的管理审查是必要的，但在具体实践中，各单位执法不一，拒绝出具同意离婚证明而导致离婚未果的案例并不罕见，直接影响了军人的婚姻自由权。如果对此不纳入行政诉讼受案范围，无法从根本上保障军人军属婚姻自由权利，也违背了《民法典》关于军婚保护条款的立法精神。与此同理，军人家属随军审批将直接影响军人家属落户、就业以及随军补助的发放等重要权利，相关行政争议理应纳入行政诉讼受案范围。

三是特殊的行政补偿行为。普通的行政补偿一般是针对行政征收征用而进行的补偿，相关争议已纳入了行政诉讼法的受案范围。军队的行政补偿主要是针对军人作出的特殊付出而进行的必要补偿。按照权利义务一致的法学原理，在军人为国家和社会作出特殊贡献的同时，国家和军队也高度重视对军人权益的特殊保障。注重保障军人合法权益是世界军事强国的通行做法，是稳定军心士气、提高军队战斗力的重要途径。比如，因职业需要，军人常常远离故乡亲人，扎根军队营区，驻守边关海岛，为保障军人休假探亲权利，军队制定了《中国人民解放军现役军官休假探亲规定》（军委政治工作部和后勤保障部并据此印发了《关于现役军人休假探亲有关问题的通知》），鼓励非因特殊事由应合理安排军人休假探亲，同时规定未休假的补偿办法，第26条规定："军官因工作原因当年未能安排休假、探亲或者在休假、探亲期间被召回未能安排补休的，由所在单位按照本人年底的基本工资标准，给予相当未休天数基本工资的经济补偿。"如果军官所在单位拒不按照规定安排休假，又拒付经济补偿的，无疑应当允许行政相对人诉讼，否则让相关法规落空，损害军人权益，无论是从维护法律权威角度还是从维护军人权益角度考虑，都应当允许军人对相关争议提起行政诉讼。

前述仅仅是一种方法和思路的探索，难免挂一漏万，但求抛砖引玉。要全面深入地解决这一问题，尚需学术界和实务界采取检索法律法规、发动官兵建言献策等方法，全面梳理各类军事行政行为，为下一步的列举立法提供尽可能多的参考内容。

(二) 运用比较法把易混淆的类军事行政行为剥离出去

由于绝大多数的军事机关并非纯正的行政主体，常常身兼数职，对上是党委的办事机构，对下又是军事指挥机构，同级之间还存在交叉协作关系。由于主体趋同、内容交叉、行为多样，当军事机关实施某种行为后，要准确界定其属性并非易事，这就需要运用比较的方法来拨开迷雾，通过比较易混淆行为之间的异同，来准确把握各类行为的本质、特征及其规律性，从而对可诉的军事行政行为进行定性鉴别，为军事法院准确开展立案工作提供参考。

1. 正确辨别军事指挥行为与军事行政行为

军事机关在执行部分行政职能的同时，往往还承担着战备、训练、作战以及非战争军事行动等军事指挥职能，后者凸显了军队的职业特色。"军队首先是一个战斗队，必须坚持一切建设和工作向能打胜仗聚焦。如果军队在战场上打不赢，那是要产生严重政治后果的。"①"文无第一，武无第二"，由于军事指挥关乎国家安全、战争胜败，军事指挥命令紧迫而重

① 中央军委政治工作部：《习主席国防和军队建设重要论述读本》，解放军出版社2016年版，第20—21页。

要，战机稍纵即逝，绝不允许讨价还价，正所谓“军人以服从命令为天职”。因此，司法的触角不宜伸进军事指挥领域，军事行政诉讼的受案范围应当将军事指挥行为排除在外。或许是基于此种考虑，解放军军事法院《关于试行审理军事行政案件若干问题的意见》（以下简称《审理意见》）明确规定，对于组织实施作战、非战争军事行动、战备工作等军事指挥行为不予受理。

军事指挥的概念，学术界已有较为一致的界定。《中国军事百科全书——军队指挥分册》认为，军队指挥是指军队指挥员及其指挥机关对所属部队的作战行动和其他行动的组织领导活动。《军语》对军队指挥的内涵和外延界定为：“军队指挥员及其指挥机关对所属部队的作战和其他行动的组织领导活动。军队作战指挥包括：战略、战术、战斗范围内的各种类型、形式、样式作战的指挥。对军队其他行动的指挥，主要包括对战备行动、军事训练、防暴、抢险救灾等的指挥。”①理论界有不少学者将军事行政权称为“军政权”，将军事指挥权称为“军令权”，由于军政权、军令权并不是由不同的军事机关分别行使，因此要厘清二者的关系是一件比较困难的事情。②

实践中最易混淆的是军事训练等指挥行为与行政处罚等军事行政行为的关系。比如军务部门，既负责军容风纪纠察、管理秩序维护等行政事务，又负责组织出操、体能训练等训练活动。当军事机关作出某一行为产生争议后，应有科学的标准进行辨别。可从以下方面辨别：一看行为目的。军事训练的目的是提高部队战斗力。“军无习练，百不当一；习而用之，一可当百。”③邓小平同志曾说，“把训练放到战略位置上，我看是有道理的，现在没有打仗，就是靠训练”。④军事训练是提高部队战斗力的基本途径，提高战斗力也是军事训练的基本目的。当某一行为违背了正当目的，往往也容易改变行为性质。比如，让战士武装越野五公里，如果是为

---

① 《军语》，军事科学院出版社1997年版，第128页。

② 陈枫：《论军事行政权的基本界定》，华东政法大学2010年硕士论文。

③ 诸葛亮：《诸葛亮将苑注译》，陕西人民出版社1987年版，第74页。

④ 《邓小平军事文集（第3集）》：军事科学出版社，中央文献出版社2004年版，第52页。

了提升战士的体能素质和机动能力，应属训练行为；如果是为了体罚战士，则是行政处罚行为。二看作用范围。区分军事行为的对象，看其是针对集体还是针对个人，是否涉及个别人的权利义务，针对集体的一般为军事指挥行为，针对个人的可能涉及行政行为。比如对于违反了军容风纪的人员令其站两小时军姿或者做500个俯卧撑，就是行政处罚行为。为提高训练成绩，组织集体开展的高强度训练，即使超过了一般人身体承受能力，也属于军事训练。当然，针对个别人的补差训练，只要有事实依据，依然是军事训练而不涉及行政问题。三看行为手段和结果。判断军事行为是否侵犯了官兵人身权与财产权，是否对官兵个体权利义务产生实质影响。比如，组织出操本属正常训练活动，但为了惩戒不出操人员，对其扣发工资或进行罚款处理，则构成了行政处罚。

2. 准确辨别军队党组织行为与军事行政行为

经过长期的建军实践，党对军队绝对领导确立了严密的制度体系，既有宪法、国防法等法律的确认和巩固，又有军委主席负责制、党委（支部）制、政治委员和政治机关制等一系列具体制度作支撑。建立军事行政诉讼制度必须牢牢把握政治建军根本要求，运用法治强制力捍卫党对军队绝对领导的根本原则和制度，确保军委决策部署在军事行政领域的贯彻落实。为此，《审理意见》规定“以军队党组织名义作出的行为”不予受理。由于军事机关常常是党委的执行机关和办事机构，同时绝大多数机关本身还存在着内部的党委或支部，①这种错综复杂的现实关系必然会给军事行政诉讼的操作带来难度。一方面，对于以军队党组织名义作出的行为坚决不予受理，另一方面，又要防止军事机关及其工作人员借用党组织名义来规避行政诉讼。②为了在实践中准确辨别两者关系，可从以下标准入手：一辨行为主体。看以谁的名义作出，这是最直接最便捷的判断方

① 根据《中国人民解放军政治工作条例》《中国共产党军队委员会（支部）工作规定》，军队团级以上单位设立全委会和常委会，凡有正式党员三人以上的单位，必须设立党支部。

② 刘勇：《当好军事行政诉讼的探路先锋》，《人民法院报》2017年8月4日。

式。所谓名义，就是指做某事时用来作为依据的名称或称号。一般而言，当某种行为以文书为依据时，则文书的落款单位就是行为主体；没有文书的，则以命令的发出者或动作的执行者作为行为主体。以军事机关的名义作出的行为为行政行为，以党组织名义作出的行为一般为党组织决策行为。二辨行使程序。《中国共产党军队委员会（支部）工作规定》明确的党委议事决策程序包括：确定议题、准备预案、提前通知、充分酝酿、民主讨论、会议表决、形成决议、决策实施和检查监督等环节。党委作出决议后，由军政首长按照分工组织实施。《中国共产党军队委员会（支部）工作规定》明确了党支部决策和执行程序：确定议题、会前准备、民主讨论、形成决议、分工落实。三辨行权范围。一般而言，党组织决策行为涉及全局、关乎整体，而军事行政行为只是针对局部、着眼个体，尽管一些重大的军事行政事项也需要党委集体研究决策，但最后作出这个行为的名义仍然是军事机关。

3. 准确辨别国防行政行为与军事行政行为

国防与军事犹如一对孪生兄弟，常常被相提并论，有时甚至被作为同义词使用。①如果仅从日常交流而言，对国防与军事不作细致区分，并无伤大雅。但为明晰职权职责，厘清军事行政权的边界，特别是为了划定军事行政诉讼受案范围，有必要对国防行政与军事行政的关系作出准确辨析。合理区分国防行政行为与军事行政行为，直接决定了军事行政诉讼的原告资格、被告身份以及受案范围大小。前文在论及军事行政权概念时，已对二者的关系作出了初步阐释，学术界也有专家对此作了较为系统的研究，阐明了两者在行为性质、行使主体、行使依据、行使对象等方面的区别。②概括地讲，国防行政权属于国家行政权的组成部分，军事行政权属于军事权的组成部分，前者的行使主体为国家行政机关，后者为军事机

---

① 薛刚凌、周健：《军事法学》，法律出版社 2006 年版，第 92 页。

② 毛国辉：《“军事”与“国防”关系辨析——基于行政权视角考量》，《西安政治学院学报》2014 年第 2 期。

关，前者的管理对象为普遍意义上的社会成员，后者的管理对象主要为军人或军内单位。普通国防行政行为可接受国家司法审查，而军事行政行为只接受军事司法审查。纳入军事行政诉讼受案范围的仅有军事行政行为。当然，两者也有紧密的联系，两者不仅在终极目的上高度一致，都是维护国家军事利益，而且在具体工作中，两者常常紧密配合，有时还存在联合行政的现象。

正是因为两者在实践中的联系，为我们界定军事行政诉讼受案范围带来了难度。以常见的兵役类行政行为为例，行政机关与军事机关几乎都是联合行政，每年由国务院和中央军委在全国范围内发布征兵命令，县以上地方各级政府成立征兵办公室，负责办理本区域的征兵工作。征兵办公室由兵役机关（省军区、军分区、人民武装部等）和公安、卫生及其他有关部门组成。根据《兵役法》《征兵工作条例》等法律法规的规定，对于拒服兵役人员可进行行政处罚，那么受罚的行政相对人能否起诉兵役机关？这是实践中容易带来疑惑的问题。另外，当新兵被移送部队后，所属部队有权对新兵进行复核，发现因身体、政治条件不合格，不宜在部队服现役的，作退兵处理。由于兵役是一种光荣的义务，且附随了一定的特殊权益保障，被退的“兵”无形之中会在声誉甚至前途方面受到负面影响，理应允许权利救济。那么当事人能否将部队作为被告提起行政诉讼？笔者认为，无论是对拒服兵役者的行政处罚，还是对想服兵役者的行政否决，都不宜纳入军事行政诉讼的受案范围。主要理由有两点：一是上述行政行为的主体属于地方政府，征兵办公室尽管为联合办公机构，但其本质属于政府的办事机构，是以政府的名义作出的行政行为。复查期间部队作出的退兵行为，也是由部队办妥退兵手续后，送回原征集的省、自治区、直辖市征兵办公室处理。最终的责任主体依然是地方政府的征兵办公室。二是行政相对人不属于军人和军内单位。拒服兵役者虽然俗称“逃兵”，但身份依然属于“老百姓”，不属于军人；《征兵工作条例》规定，退兵的期限自新兵到达部队之日起至部队批准之日止，因此在复查期间被退的

“兵”尚不具有军籍，也不是军人。军事行政诉讼本质上是军内行政诉讼，[①]享有原告资格的只能是军队管辖的人员或单位。

（三）运用混合方式确定军事行政诉讼受案范围

前文所述的运用分类法和比较法对军事行政诉讼受案范围的界分，是从内容角度进行的一种理论推演，是一种逻辑思维层面的分析。任何事物都是内容与形式的统一，内容总要以某种形式呈现。受案范围作为行政诉讼制度的核心内容，更需要以配套的形式在法律文本中表达出来，以便于公众学习理解和司法机关正确适用。法律内容的呈现形式，固然要遵循法律语言的一般性要求，做到准确、简约、庄重，力求通俗易懂、简便易行。正如孟德斯鸠所言：“法律不要精微玄奥；它是为具有一般理解力的人们制定的。它并不是一种逻辑学的艺术，而是像一个家庭父亲的简单平易的推理。”[②]更为重要的是，形式必须与内容相统一，作为规定军事行政诉讼受案范围的表达方式，必须准确地把理论、现实及其逻辑联系清晰地展示出来，引导军事行政相对人准确掌握拥有的诉权，规范军事行政主体的用权边界，明确军事司法机关的审查范围。

1. 中外立法例中受案范围确定方式评介

概览世界各国行政诉讼制度，受案范围的确定方式大体可分为两种模式，一种是以判例为主的模式，不由立法统一规定受案范围，而由法院通过判例逐步确定和发展受案范围，典型代表有美国、英国、法国等。另一种是以制定法为主的模式，即由制定法来具体规定何种行政争议由法院来解决，这种方式被多数国家所采纳。在制定法模式确定行政诉讼受案范围时，主要有概括式、列举式和混合式三种方式。[③]无论受案范围采用哪一种确立模式，都各有优缺点，而且选择何种模式还与一个国家的政治体制、法律传统、法治现实等诸多因素有关。[④]

---

① 徐占峰：《创建军内行政诉讼制度的新思考》，《法学》2006年第7期。

② ［法］孟德斯鸠：《论法的精神》，张雁深译，商务印书馆1978年版，第296—298页。

③ 应松年：《行政法与行政诉讼法学》，法律出版社2008年版，第461页。

④ 陈宏光、尚华：《行政诉讼受案范围动态分析与现实思考》，《政法论坛（中国政法大学学报）》2002年第1期。

结合我国的法律传统，应从制定法角度对三种方式的利弊进行分析，从而找到最佳的确立方式。概括式是指由法律规定一个概括、抽象的标准，行政相对人只要在符合该标准的情况下，即可以提起行政诉讼，概括式的优点主要是全面、简洁、涵盖广、容量大，缺点主要是用语模糊，在实施过程中容易引起争议，操作难度较大。列举式是指在有关法律规范中分别列举可诉或不可诉的行政行为，行政相对人只能对列举的可诉行政行为提起行政诉讼，对于排除的列举事项禁止诉讼，其优点是清晰明确，具有示例作用和排除功能，易于理解、便于操作，缺点是用语烦琐，难以穷尽应列举的事项，可能挂一漏万，难以适应实践的发展变化。混合式又称折衷式，是指在法律规范中采取概括式和列举式并举的方式对行政诉讼受案范围加以规定，兼顾了概括式与列举式的优点，克服二者的不足。

我国的行政诉讼法律制度采用了混合式的确立方式。无论是 1989 年 4 月 4 日颁布的《行政诉讼法》，还是 2014 年和 2017 年两次修正后的《行政诉讼法》，对于受案范围的规定模式基本一致，坚持了受案范围的一贯模式，即“概括肯定、审理对象限定、肯定列举 + 兜底规定 + 依照法律、法规规定和否定列举”。[①]尽管有学者从最大限度地扩大行政诉讼受案范围角度出发，主张采取“肯定概括 + 否定列举”的规定模式，但立法部门在综合考虑国情民情、行政审判现状、理论研究成果以及立法技术等因素之后，在最终的法律文本中依然采用了大混合的确立方式。

2. 军事行政诉讼试点阶段受案范围的确立方式

试点作为一种工作方法，是全面开展工作前的一种小型试验，是链接顶层设计与实践探索的重要渠道，是探寻规律、发展制度的有效途径。为了规范军事行政诉讼试点工作，解放军军事法院根据行政诉讼法等规定，结合军队实际，制定了《审理意见》。《审理意见》共二十五条，其中有三条直接涉及军事行政诉讼的受案范围。第六条用概括肯定的方式规定了诉权，即“军人或者军队单位认为试点区域的军级以下军事机关及其工作人

---

① 杨建顺：《科学界定行政诉讼受案范围》，《检察日报》2014 年 2 月 18 日。

员的军事行政行为侵犯其合法权益，可以依照行政诉讼法及其司法解释和本意见的规定，向试点军事法院提起诉讼”。第六条用五款肯定式列举和一个兜底条款确立了可诉的军事行政行为，涉及行政处罚、行政强制措施、行政许可、行政确认、行政给付等军事行政行为。第七条用五款否定式列举和一个兜底条款规定了不予受理事项，排除的行为包括国防、外交等国家行为、以军队党组织名义作出的行为、针对不特定对象发布的能反复适用的规范性文件、军事指挥行为以及涉及军队人事、监察、审计、表彰奖励、纪律处分、房地产的行政争议等。

显而易见，《审理意见》对受案范围的确立方式也是混合式，既借鉴了国家行政诉讼制度的成功经验，又体现了军队特色。与行政诉讼法确立的受案范围相比，《审理意见》有以下特点：一是肯定列举的范围有限。仅规定了几种较为突出或常见的军事行政争议。这样规定不仅因为军事行政事项本来就比普通行政事项少，不涉及自然资源权属确认、经营权、竞争权受侵等行政争议事项，而且也考虑了试点阶段开展工作的需要，符合先易后难、循序渐进的试点方法原理。在国家行政诉讼制度建立之初，可诉的行政行为也十分有限，后来是随着实践的发展，通过司法解释以及修改行政诉讼法的方式逐步扩大了受案范围。二是兜底条款有增有减。在肯定列举后，没有规定试点法院可以受理法律法规规定的可以提起诉讼的其他行政案件；在否定列举后反倒增设了“其他依法不予受理的事项”这一兜底条款。兜底条款的一减一增，体现了试点阶段军事行政诉讼受案范围的谨慎风格。这样规定紧贴调整改革和法治建设实际，控制了速度、力度和节奏，有利于确保部队高度集中统一和安全稳定。三是排除事项具有鲜明的政治特色和军事特色。与普通行政诉讼相比，军事行政诉讼主要排除了军队党组织作出的行为和军事指挥行为。这样规定，符合政治建军的根本要求，注重运用法治强制力捍卫党对军队绝对领导的根本原则和制度，确保习主席和军委决策部署在军事行政领域的贯彻落实；抓住了军队备战打仗的根本职能和建设管理的特点规律，坚持依法治权与司法为兵的统一，兼顾军队建设秩序与军人权益保障，有利于稳定军心士气，提高军队战斗力。

3. 军事行政诉讼立法中受案范围的完善拓展

军事行政诉讼试点毕竟只是局部试验和小型探索，出于稳妥推进和便于操作等方面考虑，受案范围规定得比较窄。试点结束后，必将全面建立军事行政诉讼制度，启动相关立法活动。立法时确定受案范围应以《审理意见》为蓝本，以试点成果为参考，拓展和完善受案范围。从方法上看，笔者主张继续采用混合式的立法模式，博采概括式与列举式之优长，克服其短板，以便于官兵掌握、易于法官遵循。具体而言，在《审理意见》的基础上，可作如下完善：

概括肯定条款可扩大被告范围。被告范围间接影响受案范围。《审理意见》在第六条规定诉权时，将被告限定为试点区域的军级以下军事机关及其工作人员，这符合试点阶段及试点区域的实际。但在全面建立军事行政诉讼制度时，军事行政主体的范围则可适当扩大。实践中，有相当部分行政行为是由军级以上单位作出的，有的是根据行政相对人级别的不同而区分军事行政主体的级别。比如，根据《中国人民解放军纪律条令》的规定，对正师职军官实施行政看管，应由战区级单位的正职首长批准，各军兵种、军事科学院、国防大学等单位的正职首长享有战区级行政看管批准权。如果禁止将军级以上单位作为行政被告，必将无法保障部分人员的权利，这是显失公平的。为全面保障军事行政相对人的合法权益，全面监督军事行政权的行使，在全面建立军事行政诉讼制度时，可取消军事机关前面的限定语，规定“军人或者军队单位认为军事机关及其工作人员的军事行政行为侵犯其合法权益，可以依法向军事法院提起诉讼”。

肯定列举应力求穷尽典型争议。正如前文所述，列举式的优点在于清晰明确，便于理解操作，但缺点在于难以穷尽，容易遗漏。立法时应当扬长避短，结合军队建设实际，梳理典型行政争议，将可诉的行政行为或行政争议纳入肯定列举条款之中。具体而言，可在《审理意见》的基础上，作如下拓展规定："军事法院受理对下列军事行政行为不服提起的诉讼：(一)对暂扣或者吊销许可证和执照、没收违法所得、没收非法财物、罚款、严重体罚等行政处罚不服的；(二)对扣留、警备临时看管、行政看管等行政强制措施不服的；(三)申请军队医师执业注册、军队律师执行证、军队驾驶证等行政许可，军事机关拒绝或者在法定期限内不予答复，或者对有关行政许可的其他决定不服的；(四)对因战、因公、因病致残认定和军人因病丧失工作能力认定等行政确认不服的；(五)认为军事机关没有依法履行发放抚恤金、退役金、保险金、军人配偶随军未就业生活补贴等给付义务的；(六)认为军事机关不按规定安排休假且拒不进行经济补偿的；(七)认为军事机关拒不出具同意结婚离婚证明、拒不办理随军手续等行政审批事项违法或不合理的；(八)申请军事机关履行保护人身权、财产权等法定职责，军事机关拒绝履行或不予答复的；(九)认为军事机关侵犯其他人身权、财产权等合法权益的。"

兜底条款可作适当调整。由于认识的局限性，列举难免挂一漏万，为适用实践的变化发展，兜底条款应运而生，它是克服列举遗漏的重要保障。从肯定列举来看，可借鉴行政诉讼法的规定，在《审理意见》的基础上，增设如下规定："除前款规定外，军事法院受理法律、行政法规、军事法规规定可以提起诉讼的其他行政案件。"事实上，我国已生效的军事法律、法规中也有个别条款曾规定过"诉讼救济"的内容。从否定列举来看，行政诉讼法并未设定兜底条款，其好处在于防止不当限制公民诉权。那么，《审理意见》在否定列举后设定的兜底条款是否应当在今后立法中予以坚持？笔者认为，由于军队建设的特殊性、军事行为的多样性，从防止滥诉和维护军队秩序角度考虑，可以坚持否定列举的兜底条款。比如，在战时或紧急状态下，为保障国家安全，防止扰乱管理秩序，军事法院可不予以受理行政诉讼案件。①

① 肖孟奎：《军事行政诉讼研究》，国防大学出版社 2013 年版，第 153—154 页。

用好“等”字顺应实践需求。《审理意见》肯定列举的每一条款中都使用了“等”字，否定列举条款中在国家行为与军事指挥行为前加了“等”字。“等”字为法官行使自由裁量权提供了空间，也让军事行政诉讼的受案范围处于动态发展之中。法律条文中“等”字究竟是完全列举还是不完全列举，究竟是没有内容的用语习惯还是同类事项的概括，在学术界和实务界尚有不同观点。笔者认为，尽管从日常用语来看，“等”字既可表示列举未尽，又可用于列举煞尾，但从法律用语的精练性而言，立法用语不仅要力避歧义，而且要惜字如金，法律条文中“等”字绝非可有可无的用语。在军事行政诉讼立法中，对军事行政诉讼的肯定列举或否定列举，要恰当使用“等”字，一旦使用“等”字，就意味着系未完全列举，法官可依法对类似行为进行判断处理。

（四）结语

军事行政诉讼试点的开启，标志着我国军事行政诉讼制度迈出了实质性的一步，这不仅是改革完善军事司法体制的一件大事，也是丰富拓展国家行政诉讼制度的重大创举。受案范围作为军事行政诉讼制度的核心内容，理应受到理论界和实务界的高度关注。鉴于国家行政诉讼制度已有丰富的经验可资借鉴，建立军事行政诉讼制度应在遵循行政诉讼法基本原理的基础上，以普通行政行为作为参照系，结合军队建设实际，梳理延伸行政行为和特有行政行为，辨别易混淆的类行政行为，并据此合理圈定可诉的军事行政行为范围。从逻辑上清晰确定受案范围之后，尚需用配套的形式准确表达出来，混合式的表达方式符合我国国情军情，便于理解，易于操作。

第四节　军人军属作为犯罪嫌疑人的权利保障

有的观点认为，一旦某人涉嫌犯罪之后，只能接受惩罚，没有权利可言，甚至有人将辩护律师的工作称为“帮坏人说话”。受此观点影响，实践中当军人军属涉嫌犯罪时，向组织申请法律帮助或聘请律师时可能遇到一些阻碍。事实上，这种戴着有色眼镜看人的观点是错误的，也违反了我国宪法法律规定。我国《宪法》第一百二十五条规定“被告人有权获得辩护”，意味着辩护权是一项基本的宪法权利。作为刑事案件的犯罪嫌疑人或被告人，在未经公正的审判前，都应当视为无罪，既然推定为无罪的，就不能过早下结论。即使是有罪的，同样有正当权益，罪轻罪重、此罪彼罪，如果不允许其获得法律帮助，在强大的公权力面前，容易失去公正审判的机会和权利，容易导致冤假错案的发生或罪刑责的轻重失当。依据《刑事诉讼法》第二百三十八条的规定，剥夺或者限制了当事人的法定诉讼权利可能影响公正审判时，当事人有权提起程序性上诉，请求二审法院撤销原判，发回重审。

在现代刑事审判中，犯罪嫌疑人、被告人不是诉讼客体或审判对象，而是诉讼的主体，其享有包括辩护权在内的广泛的诉讼权利来抵御对自己的一切不利指控。①其中的辩护权，是犯罪嫌疑人享有的最基础、最核心的诉讼权利，是预防偏听偏信、司法擅断的有力武器。因此，《刑事诉讼法》专门规定了辩护制度，明确“犯罪嫌疑人、被告人除自己行使辩护权以外，还可以委托一至二人作为辩护人”。犯罪嫌疑人自被侦查机关第一次讯问或者采取强制措施之日起，有权委托辩护人。犯罪嫌疑人、被告人因经济困难或者其他原因没有委托辩护人的，本人及其近亲属可以向法律援助机构提出申请。当犯罪嫌疑人、被告人可能被判处无期徒刑、死刑，没有委托辩护人的，人民法院、人民检察院和公安机关应当通知法律援助机构指派律师为其提供辩护。

由此可见，辩护权是犯罪嫌疑人、被告人的法定权利，是司法救济权的一种特殊类型，当军人军属涉嫌犯罪时，其辩护权同样受到法律保护。

---

① 蔡元培：《刑事诉讼如何对待辩护意见》，《法学》2021 年第 8 期。

军人军属可以依法委托军队律师或地方律师事务所的律师担任辩护人，为其提供专业化的法律服务。根据有关规定，对于由军事司法机关管辖的涉及军事秘密的刑事案件，当犯罪嫌疑人或者被告人委托律师作为辩护人的，一般委托军队律师，由该律师所在单位司法行政工作机构办理相关委托手续。

第九章　提升维护军人权益工作的质效

维护军人军属的合法权益，固然是全社会的共同责任，但是部队作为军人的管理单位和组织归属，在掌握信息、启动程序、协调力量等方面具有更多的优势，也理应主动承担责任。因此，提升部队开展涉军维权工作的质效，对于维护军人军属的合法权益具有至关重要的作用。

第一节　部队开展涉军维权工作现状分析

从涉军维权工作面临的整体环境、形势任务、官兵诉求及维权实践等方面考察，可以发现涉军维权工作呈现出以下特点：

一、维权工作面临的整体环境向上向好

由于涉军维权工作涉及领域广、部门多，牵涉利益复杂，因此首先需要考察维权工作面临的社会环境，这决定了维权工作的宏观思路和整体态势。近年来，随着法治国家、法治政府、法治社会的一体建设步伐加快，整个社会的法治环境蒸蒸日上，尊法学法守法用法的氛围不断浓厚，公民依法办事的意识在提升，政府部门依法行政的理念在强化，这给涉军维权工作创造了良好的法治环境，使得维权工作能够走上法治轨道，纳入了法治体系。

就涉军维权工作本身而言，军地各级领导日益重视，组织更加有力，

各级始终把涉军维权工作作为重要的政治任务和法定职责，摆上党委重要议事日程，列入工作规划计划，写进法规规章或规范性文件，依法设立涉军维权机构，建立健全涉军维权工作体制机制。特别是中央政法委员会和中央军委政法委员会联合印发的《关于新时代维护国防利益和军人军属合法权益的意见》，提出了开展新时代涉军维权工作的指导思想、主要原则、目标任务，规范了维权服务对象、工作范围和工作程序，建立全国涉军维权工作军地会商机制和省（自治区、直辖市）、市、县涉军维权工作领导小组，规定各级涉军维权部门职责和工作制度，明确了涉军维权工作的重点和组织保障等要求。

实践中，各级主要领导亲自抓，职能部门用心做，形成了齐抓共管的良好工作局面。调研发现，有的地方将涉军维权工作纳入社会综合治理考评、双拥共建考评、法治军营建设、党管武装绩效考核和政府重点工作绩效考评等，促进了涉军维权工作走深走实。不仅如此，当前整个社会的拥军氛围日渐浓厚，拥军优属的优良传统正在发扬光大。有的地方利用红色资源，讲好红色故事，宣传军队先进事迹，展示军人牺牲奉献精神，让人民群众发自内心地热爱军队、尊崇军人。有的地方利用广播电视、报纸杂志、微信网络等媒介，宣传军人权益保障的政策法规，营造关心支持国防建设、维护军人军属合法权益的良好环境。有的地方采取“市长军营办公会”“送法进军营”“送法进基层”等形式，为部队官兵维权提供实实在在的帮助和支持。

由此可见，涉军维权工作在法律依据、工作机制、社会支持等方面都有了较好的基础，维权工作面临的整体环境呈现向上向好的趋势。

二、维权工作的任务依然艰巨繁重

涉军维权工作的主要任务是解决涉军涉法问题，维护国防利益和军人军属合法权益。调研发现，近年来部队涉法纠纷数量渐长、类型多样、成因复杂，让维权工作面临着事多人少、供不应求的压力。主要有以下特点：一是涉法问题类型多样。有关军人军属的权益纠纷涉及债权债务、劳动争议、优待抚恤、婚姻家庭、人身损害、拆迁补偿、房屋买卖、行政及刑事处罚等多个方面，涵盖民事、行政、刑事等多种法律关系。这意味着数量有限的军队维权机构或者军队律师，难以靠微薄之力应付形形色色的涉法问题。二是涉法问题成因复杂。部队涉法问题的不断增长，看似偶然，实则必然，背后有其深厚的社会历史原因。从社会发展来看，“黄金机遇期”与“矛盾凸显期”并存，利益诉求多元，人们交互频繁，涉法问题已成为普遍的社会现象。军人军属在社会中生活，不可避免地与他人打交道，产生种种权利义务关系，从而形成法律问题。从部队建设来看，要直面战场与市场，需要军民融合发展，需要社会化保障，在战备训练、军队建设、执行多样化军事任务中，难免产生一些涉法矛盾纠纷。从军人个体看，官兵权利意识日益觉醒，涉法问题无法掩盖，涉法矛盾难以回避，只能实事求是地面对和解决。三是涉法问题影响面广。由于利益关系多样、法律类型复杂、责任主体交互，在开展涉军维权工作时，往往会牵一发而动全身，形成连锁反应。涉法问题处置的方式、程序及效果不仅影响军心士气，也会间接影响军政军民关系。特别是网络时代，自媒体发达，涉军矛盾纠纷容易变成热点敏感问题，一旦处置不当，极可能被别有用心的人炒作利用，误导不明真相的群众，形成负面舆情事件。这就给维权工作提出了更高的标准和要求。

三、维权工作的能力建设尚存短板

虽然涉军维权工作总体上取得了长足的进步，但部队维权工作的能力建设还不能满足日益增长的法律服务需求，主要存在以下短板：一是军队法律服务人力资源相对短缺。与数量渐长、类型多样的涉法问题相比，军队法律服务机构和专业人才明显不足，呈现出了事多人少、兼多专少的特点。有的单位没有专职的军队律师，只能让兼职律师或法律服务人员依需应对，当任务重的时候，兼职律师时常焦头烂额、分身乏术；有的单位虽然编配了专职的军队律师，但编制数量有限，专业领域受限，业务技能难以应对类型多样的涉法问题；有的兼职法律人员并非法学科班出身，存在专业素质弱、人员流动快、办案经验不足、日常工作杂等制约工作效能的因素。二是开展维权工作的角色定位尚有偏差。有的单位领导认为军人军属的涉法问题纯属法律问题，单位不必介入，以一种“旁观者”的姿态漠视维权工作；有的单位领导存在家长制作风，以“裁判者”的姿态直接下结论、出方案，难免出现“好心办坏事”的情况；还有个别军人军属存在“特权者”的错误思维，只言人过，不谈己非，仅强调保护自身权益，只讲有利情况，夸大对方过错，败诉后不能正确对待；有的维权期望值过高，误以为背靠组织就可以享受法外特权，维权诉求不合理，甚至要求法外照顾，增大了纠纷解决难度。三是官兵维权知识技能尚有欠缺。从知识层面看，尽管部队也经常开展法治宣传教育工作，但重刑轻民、重义务轻权利的传统普法思路影响了普法的效果，官兵对合法权益的认知略显不足，对侵权风险的预防尚不到位。从解决纠纷的技能角度看，有的军人军属不重视对证据的收集保存，发生纠纷后不善于寻求法律帮助，有的在自力维权时偏离了方向或延误了时机。四是涉军维权工作技术手段相对落后。从社会来看，随着信息技术飞速发展，地方政府及职能机构给人民群众维护权益提供了便捷通道，可以在网上开展调解、和解、投诉、起诉、上访等维权活动，可以在政府信箱、官方网站、社交平台上反映合理诉求，可通过“互联网+”“智慧法院”等网络信息平台远程办理案件。但因种种原因，部队的维权渠道还不够便捷高效，维权手段相对比较单一落后。可喜的是，《关于新时代维护国防利益和军人军属合法权益的意见》(中政委[2022]20号)已明确要求军队政法单位加强涉军维权工作信息网络服务平台建设，畅通部队和官兵涉法问题网上反映和协调处理渠道，实现维权工作由“线下跑”向“网上办”转变，让信息多跑路，让官兵少跑腿。五是维权机制尚未完全理顺。从地方来看，中央全面深化改革以后，机构及其职能调整较大，原有的涉军维权职能部门和协调机制都有了结构性变化，在职能转移、新旧衔接期间需要磨合适应。从部队来看,军队编制体制调整重塑后,军队维权机构的设置及其职能、工作程序、协作机制都还在不断摸索之中,实践中依然存在职能交叉、责任不明、协调不顺等问题。

第二节　部队维权工作的功能定位

分析维权工作的功能作用,了解其在部队建设中所处的坐标方位,有利于准确把握维权工作的角度、尺度和力度。

一、维权工作是军队政治工作的重要内容

维权工作不仅仅是一项法律业务工作,而且属于政治工作的范畴,被写进了《军队政治工作条例》。军队政治工作是中国共产党在军队中的思想工作和组织工作,是实现党对军队绝对领导、巩固和提高部队战斗力的根本保证,是我军的生命线。将法律服务和维权工作纳入政治工作范畴,不仅提升了维权工作的站位和高度,而且丰富了政治工作的内容和形式。传统的政治工作,比如思想政治教育、组织工作、纪检监察和文化熏陶等方法,较好地解决了过去政治工作所涵盖的课题。但是,随着经济社会发展,随着法律调整范围不断扩大,涉军涉法问题日益增多,一些传统的方法已不能解决新时代政治工作所面临的所有问题,需要与时俱进。法律服务和维权工作顺应了时代的发展,回应了官兵的诉求,增强了新时代政治工作的活力和动力。

开展法律服务,做好维权工作,不仅在政治工作内容上有拓展,而且在政治工作方法上有创新。维权工作主要运用法律方法来解决问题,这与其他政治工作手段相比,具有以下优势:一是具有权威性。法律由立法机关依据法定程序制定,体现了人民的意志,是利益的最大公约数,因而具有让人信服和遵守的内在品质。二是具有双向性。法律是权利和义务的集合体,遵循权利义务一致性原则,运用法律手段开展工作既能克服只

讲权利的自私性，又能避免只讲义务的严苛性。三是强制性。法律由国家强制力保证实施，违法将会受到法律制裁。运用法律手段开展工作相对更有力量、更为顺畅、更有秩序、效率更高。

二、维权工作是促进部队安全发展的重要抓手

维权工作虽然不是中心工作，但会影响中心工作。各种涉军涉法问题如果得不到及时妥善处置，可能产生多方面的负面影响和连锁反应，轻则影响官兵个体的情绪心理，重则干扰部队建设秩序，严重的还会导致矛盾激化、问题恶化，酿成群体性事件、历史遗留问题，有的甚至引发事故案件等。要防止把涉法问题看小看轻了，误以为是无碍大局的区区小事，是发生在个别时段少数人身上的偶然事件，是费时、费力、花钱的麻烦事等，切实把解决涉法问题作为维护部队安全稳定不可或缺的内容，作为一项常态性工作，作为打牢基层全面建设基础的有效措施，予以充分重视。

三、维权工作是维护军政军民团结的客观需要

军队打胜仗，人民是靠山。良好的军民关系是军队战斗力生成的动力支撑。由于许多涉法问题军民交织，涉及地方单位和人员，如果相关矛盾纠纷得不到及时妥善解决，不仅损害军队形象，而且影响军政军民团结，成为军民融合发展的隐形障碍。特别是军队全面停止有偿服务，相关矛盾纠纷需要积极稳妥化解；军队完成调整改革任务，相关配套工作需要地方支持；军队开展战备训练、维稳执勤、国防动员、军事设施保护以及工程建设、物资采购等方面都会遇到若干涉法事务，需要依法妥善解决；解决官兵的后路问题、后院问题、后代问题，都需要依法进行。随着依法治国的全面推进，整个社会的法治意识不断增强，法律语言逐渐变成了“普通话”，法律方式变成了规范动作。军队在与地方处理相关事务时，务必善于运用法治思维观察问题，主动运用法治方式化解矛盾，依法维护权益。

四、维权工作是提高部队法治化水平的有效措施

党的十九大报告指出，要“全面从严治军，推动治军方式根本性转变，提高国防和军队建设法治化水平”。党的十九届六中全会提出要贯彻依法治军战略，这是党中央、习近平主席把握新时代建军治军特点规律、从强军事业全局出发作出的重要决策部署。党的二十大报告指出，“坚持政治建军、改革强军、科技强军、人才强军、依法治军”“加强依法治军机制建设和战略规划，完善中国特色军事法治体系”。贯彻依法治军方略、提高军队建设法治化水平，涉及立法、执法、司法和守法等多个环节，关键是扭转传统的治军方式特别是陈规陋习。因此，部队依法开展维权工作，正确处置涉法问题，有利于营造一种自觉守法、遇事找法、解决问题靠法的氛围，形成依法办事的习惯和风尚。

第三节　开展涉军维权工作的基本理念

思路决定出路，观念引导行为。理念作为一种上升到理性高度的观念，对于正确实施行为、科学开展工作具有重要意义。做好涉军维权工作，需要一些先进的理念作指引。如果把维权工作的方法技能当作“术”的话，那么维权工作的理念则是“道”，唯有以道驭术、道术结合，才能真正提升维权工作的质效。

引导涉军维权工作的理念有很多，但从实践来看，以下三点最为重要，即法律至上、公平正义、人文关怀。

一、法律至上理念

正如当代著名法理学家博登海默所言，“法律是人类最伟大的发明。别的发明使人类学会了驾驭自然，而法律让人类学会了如何驾驭自己”。法律的价值意义和功能作用已得到公认，在此不必赘述。而涉军维权工

作作为直接与法律相关的工作，更应当把法律高高举在头顶，牢固树立法律至上理念。所谓法律至上，是指在国家或社会的所有规范中，宪法法律是地位最高、效力最广、强制力最大的规范，让法律在社会实践中得到普遍适用、优先适用。法律至上意味着所有国家机关、社会组织和公民个人都必须遵守法律，依法享有法定权利，行使法定职权，承担和履行法定职责与义务。法律至上还意味着，当同一项社会关系同时受到多种社会规范调整且不同的社会规范间相互矛盾时，要优先考虑法律规范的适用。法律至上还意味着法律必须得到强力维护，违法必究，让违法行为承担相应的责任。

在维权工作中树立法律至上理念则意味着：把法律作为开展维权工作的基本准绳。军人军属遇事得首先找法，而不是找关系、找熟人；化解矛盾得主动靠法，而不是靠上访、靠闹事；还要抵制和纠正一些错误维权观念。

二、公平正义理念

公平正义是人类文明的重要标志，是衡量一个国家或社会文明发展程度的重要标准，也是法律的基本价值。约翰·罗尔斯在其著作《正义论》中指出，“正义是社会制度的首要价值，正像真理是思想体系的首要价值一样”。培根也说过一句至理名言：“一次不公正的审判，其恶果甚至超过十次犯罪。因为犯罪虽是无视法律——好比污染了水流，而不公正的审判则毁坏法律——好比污染了水源。”罗尔斯道出了“正义”在社会制度中的首要价值，培根阐释了“公正”在司法审判中的重要意义，可谓英雄所见略同，两人从不同的角度说明了公平正义的极端重要性。

何谓公平正义？人们对其有着丰富多彩的理解，不同的观点带有各自的历史烙印、时代特色和国别差异，正如博登海默所言，“正义如同普罗米修斯面孔一样变化无常，随时可能呈现不同的形状并且具有极不相同的面貌”。笔者认为胡锦涛同志对公平正义的定义符合中国社会实际，精准到位且具有指导意义，他指出“公平正义，就是社会各方面的利益关系得到妥善协调,人民内部矛盾和其他社会矛盾得到正确处理,社会公平和正义得到切实维护和实现”。①

习近平总书记在党的二十大报告中强调指出,全面依法治国要“围绕保障和促进社会公平正义”,这一新的论断进一步明确了法治是社会公平正义的基本实现路径。②公平正义理念对于我们开展涉军维权工作同样具有指导意义。以公平正义理念指导维权工作,意味着要牢固树立法治理念,依法妥善协调各种利益关系,兼顾各方正当合法诉求,防止顾此失彼、利益失衡;意味着要正确处理矛盾纠纷,防止矛盾激化、事态扩大;还意味着要兼顾实体公正与程序公正,不仅在维权结果上要符合实体法的规定,而且在维权过程中依据法定的步骤和方法实施,让公平正义以看得见的方式实现。

三、人文关怀理念

人文关怀理念就是对人的生存状况的关注、对人的尊严与符合人性的生活条件的肯定,要既关爱自己,又关爱他人,集中体现为对人的尊严、价值、人格的尊重和维护,对弱者的关爱,对生命的尊重。

在维权工作中树立人文关怀理念,意味着要重视维权工作的地位作用,端正对官兵的态度,真心实意为军人军属排忧解难,把维权工作当作一项提高官兵幸福指数的暖心工程来做;意味着要耐心听取或了解官兵的诉求,让其充分倾吐心声、表达意见,全面掌握军人军属的权利实现状况;意味着要善于换位思考,站在军人军属的角度思考问题,体察疾苦,将心比心,尽最大努力来帮助军人军属维护合法权益。

第四节 开展涉军维权工作的方法技巧

不同的涉法问题需要不同的处置方法,每个维权纠纷都有自身的解

---

① 参见胡锦涛同志于2005年在省部级主要领导干部提高构建社会主义和谐社会能力专题研讨班上的讲话。

② 江必新:《论习近平法治思想中的社会公平正义观》,《政法论坛》2023年第5期。

决办法，正所谓一把钥匙开一把锁。但是，在众多的维权案例中，依然存在一些带有普遍性的规律或经验。笔者试图对此作些归纳探索，力求从形形色色、层出不穷的涉法现象之中提炼出带有规律性的要素，从丰富多彩、各显神通的处置办法中归纳出带到普适性的经验规律，旨在打造一把万能钥匙，破解维权难题。结合部队实践和相关规定，笔者归纳了一套处置涉法问题、开展维权工作的“四步法则”，即“研判性质定方向、收集证据打基础、选准路径解纠纷、跟踪问效勤沟通”，以分享读者，但愿能起到抛砖引玉的作用。

一、研判性质定方向

不同性质的涉法问题，其处置方法大相径庭。从实践来看，有的单位在处置涉法问题时之所以出现被动，是因为对涉法问题的性质研判出现了问题，要么事实失真，要么法律适用错误，要么风险评估失当，导致思路和方法出现了偏差，影响了涉法问题的处置效果。因此，要坚持“以事实为依据，以法律为准绳”的基本原则，在核实事实、适用法律等方面做好基础工作。

（一）运用三种方法力求掌握事实真相

部队领导干部和职能机关工作人员，在核查事实真相时，依法可采取的措施有限，不如司法机关所采取的措施那么全面、有力，但这并不意味着部队在处置涉法问题时只能坐等观望。恰恰相反，在措施有限的情况下更要讲究方法技巧，主动作为。相关主体在核实事实时可采取三种方法：一是倾听法。即耐心倾听当事人陈述，让其连贯全面地反映事情的来龙去脉，充分表达观点，甚至允许当事人适当发泄情绪，以便掌握情况概貌。在倾听过程中尽量不打断当事人的发言，可边听边记，对一些疑点问题和重点环节作出初步梳理，为接下来的询问做好铺垫。二是询问法。如果说倾听法侧重于单向接收信息的话，那么询问法则具有很强的互动性、双向性，可防止偏听偏信，亦能让事实的核实走向深入。在询问过程中，要关注细节、破除疑点、抓住重点。要对关键细节进行必要的追问，把时间、地点、经过、情节、后果等要素问清楚；要对一些疑点进行逻辑反问或设问，确保反映的情况符合真相；要对全案情况梳理出重点内容，力求抓住关键聚焦核心。三是印证法。在听和问的基础上，还要开展必要的印证工作，可要求当事人提供必要的佐证材料，可向相关单位或个人进行必要的核实工作。可运用分项验证的方法，评定每一份言词证据或客观证据的真实性、合法性和关联性；可采取双向对比的方法比对证据之间的一致性，查找疑点和矛盾之处，若有不一致的地方，则要查明原因、鉴定真伪、作出取舍，得出合理的结论。

（二）系统查找法律规则准确界定法律属性

掌握事实真相之后，接着要做的就是选用法律规则，确定法律属性。不同的法律关系需要运用不同的维权手段。选用法律规则需要重点关注三个方面的问题。一是根据问题性质确定主要的法律关系。要按照部门法的分类方法，根据主要矛盾和矛盾的主要方面来确定涉法问题所涉的主要法律关系，判断该问题主要由哪一类部门法来调整，将其准确归属于民商法、行政法、刑法、军事法、经济法、社会法等类别，据此确定法律关系的基本属性，圈定法律规则的总体范围。二是高效检索所涉问题的法律规则体系。可运用多种检索平台搜索所涉问题的法律规则体系，全面查找相关法律及相应的立法解释、行政法规及军事法规、司法解释以及最高人民法院发布的文件、部门规章和军事规章、地方性法规和地方规章、其他规范性法律文件，等等。找法应力求不遗漏、不缺项。三是遵守法律适用规则。按照上位法优于下位法、特别法优于普通法、新法优于旧法和一般不溯及既往的原则，准确选取可以适用的法律规则，得出符合法理符合逻辑的初步结论。

二、收集证据打基础

证据是连接法律与事实的桥梁，是打通客观事实与法律事实的媒介，因而成为处置涉法问题的重要支撑。实践中，有的部队在处置涉法问题时由于缺乏证据意识或者举证能力不足，导致“有理说不清”，从而使维权工作基础不牢、协调困难；有的单位在处置涉法问题时对证据运用不当导致事实认定错误，产生了一些历史遗留问题事件。因此，部队处置涉法问题要在收集运用证据方面打牢基础，着力在证据的识别与采集、举证责任分配和证据运用规则等方面下功夫。

（一）掌握证据的法定种类及收集保全方法

实践中，有的维权对象不知证据为何物，不知证据有何用，让证据从眼皮底下白白溜走，从而失去了取证时机；有的虽然知道证据的重要性，但不了解证据的种类和要素，不知道证据的收集保全方法，取证时程序不规范、要素不齐全，导致收集的证据不具备证据能力或证明力，做了大量无用功，从而给维权工作带来了被动。

有关证据的法律规范主要有《刑事诉讼法》《民事诉讼法》《行政诉讼法》及其司法解释，这些规范明确了证据的法定种类、取证规则、举证规则、质证规则、采证规则等。在刑事诉讼中，证据的法定种类主要有：物证；书证；证人证言；被害人陈述；犯罪嫌疑人、被告人供述和辩解；鉴定意见；勘验、检查、辨认、侦查实验等笔录；视听资料、电子数据。在民事诉讼中，证据的法定种类主要有：当事人陈述；书证；物证；视听资料；电子数据；证人证言；鉴定意见；勘验笔录。在行政诉讼中，证据主要包括：书证；物证；视听资料；电子数据；证人证言；当事人的陈述；鉴定意见；勘验笔录、现场笔录。

每类证据都有自身的呈现方式或载体，实践中需要根据法律的要求，分类做好不同证据的收集。由于时过境迁或其他原因，证据有可能灭失、失真或难以取得，比如证人可能出国或死亡，物证可能腐烂、变质或变形，因此有必要及时对证据进行收集保全。不同类型的证据，所采取的收集保全方法不同。对证人证言的保全，可采取作笔录或录音的方法；对书证的保全，可采取拍照、复制的方法；对物证的保全，可以采取现场勘验，制作笔录、绘图、拍照、录像、保存原物的方法等。当然，收集保全证据，必须遵照三大诉讼法及其司法解释的规定，规范程序、完善要素，防止随意而为、做无用功。

（二）合理利用举证责任分配规则

所谓举证责任，是指相关主体对其提出的主张依法负有提出证据的义务，否则将承担不利的诉讼后果。举证责任制度最早源于古罗马法时代，当时就确立了两个基本原则，一是“原告有举证责任之义务”；二是“为主张之人有证明义务，为否定之人则无之”，即“肯定者应负举证责任，否定者不负举证责任”。罗马法所确立的证据制度对后世影响巨大。我国现行诉讼法也吸取了上述精神，只是在不同诉讼中以及特定案情中有特殊要求和规则。

在民事诉讼中，一般遵循“谁主张谁举证”的规则，即“当事人对自己提出的主张，有责任提供证据”。主张法律关系存在的当事人，应当对产生该法律关系的基本事实承担举证证明责任；主张法律关系变更、消灭或者权利受到妨害的当事人，应当对该法律关系变更、消灭或者权利受到妨害的基本事实承担举证证明责任。另外，根据法律规定，某些特殊的侵权案件，实行举证责任倒置的规定，即针对某些侵权构成要件事实，由被告承担举证责任，包括：证明专利侵权中的方法差异性、高度危险作业中的受害人故意、环境污染中的免责事由和否定因果关系、高空坠物的无过错、饲养动物致损中的受害人过错或第三人过错、缺陷产品的免责事由、医疗侵权中否定因果关系以及医疗过错等。

在行政诉讼中，被告对作出的具体行政行为负有举证责任，应当提供作出该具体行政行为的证据和所依据的规范性文件。被告不提供或者无正当理由逾期提供证据，视为没有相应证据。原告可以提供证明行政行为违法的证据，即使原告提供的证据不能成立，也不免除被告的举证责任。行政诉讼中由被告承担举证责任是依法行政的基本要求。这一点对于军事行政诉讼同样适用，因此军事行政机关应主动强化依法行政观念，注重证据的收集和保全。

在刑事诉讼中，举证责任分两种情形。刑事公诉案件中，证明被告人有罪的举证责任由人民检察院承担，且证据必须确实、充分；刑事自诉案件中，被告人有罪的举证责任由自诉人承担。在刑事诉讼中，被告人不需要承担证明自己有罪的责任，也不需要承担证明自己无罪的责任。当证据不足时，应当按照疑罪从无和对被告人有利的原则处理。

（三）强化举证质证能力训练

从涉军维权实践来看，官兵的举证质证能力总体比较薄弱。有的维权对象参加庭审时不会举证质证，不知道如何运用证据证明自己的主张，专业性、逻辑性欠缺。因此，在平时要加强训练官兵的举证质证能力，在维权过程中要做好举证质证准备工作。

举证质证一般围绕证据的三性展开，同时考察证据能力和证明力等问题。证据的三性是证据的合法性、关联性和真实性，这是质证的主要内容。分析证据的合法性主要从证据的收集主体、收集程序、证据类型、证据来源等方面入手；证据的关联性主要是指纳入诉讼过程的证据材料必须与案件事实有内在的逻辑联系，能起到证明作用；证据的真实性，是指证据的形式和内容客观真实，不是伪造或虚构的。证据能力是指一定的事实材料作为诉讼证据的法律资格，由法律事先规定，比如非法证据排除规则、证人资格规则都否定了某些证据作为证据使用的资格。证明力是指证据对于案件事实的证明作用的大小或强弱。在举证质证过程中，要紧紧围绕上述要点展开。

在举证质证中，还得灵活运用证明规则。实践中，常见的证明规则主要包括以下几种：一是数量规则，通常情况下孤证不能定案。二是最佳证据规则，原始证据的证明力大于传来证据，直接证据的证明力大于间接证据。三是非法证据排除规则，在刑事诉讼中采取刑讯逼供等非法手段获取的证据，应当排除；在民事诉讼中采取窃听他人隐私等非法手段获取的证据，不得作为定案的依据。因此，在处置部队涉法问题时，要尽量全面收集证据，在数量中力求充分；要尽量获取证明力强的证据，在质量上实现优势；要依法收集证据，在程序上减少瑕疵，不留硬伤。

三、选准路径解纠纷

在准确判定纠纷性质、掌握基本证据的前提下，已经具备了对外发起维权工作的时机，进入了开展维权工作的实质阶段。此时，重点要考虑的是如何选择维权方式、找寻维权机构以及排除维权障碍等。

（一）选取便捷高效的维权方式

在维护军人军属权益过程中，常用的方式主要有法律咨询、发函致电、派人协调、委托律师以及法律援助等方法。这些方式各有优长，可根据案情复杂程度及单位实际灵活采取。

法律咨询是最常用的维权方式，是指部队的专业人员为当事人提供法律咨询，指导其收集证据、及时维权，其优点是成本低、速度快，但其效果取决于当事人的悟性，且由于公权力介入不足，未必能够引起相关单位的足够重视。发函致电是指部队向军地相关单位发送维权函，商请相关单位依法维护军人军属的合法权益，其优点在于体现了军队组织的力量，但函是平行文，具有协商性，收函单位是否愿意竭尽全力维权，结果有不确定性。部队派人直接到场协调，能够深度参与维护进程，主动性、交互性和应变性较强，但是耗时耗力，维权成本较高。委托律师代理维权，对于一些专业性强、复杂疑难的案件，聘请律师介入能获取质量较高的法律服务，但需要支付一定费用。法律援助是指政府对于经济困难人员实施的法律救济，官兵可根据自身经济情况，依据《法律援助条例》《关于进一步加强军人军属法律援助工作的意见》《军人军属法律援助工作实施办法》等规定，寻求相应的法律帮助。

在处置部队涉法问题时，可根据涉法问题的难易程度、当事人情况、单位的人力财力等情况，兼顾维权成本与维权效果，灵活采取一种或几种维权方式。

(二) 找对口管用的部门

调查发现,有的单位在处置涉法问题时出现无功而返、效率低下等问题,一个重要原因就是“走错了门、找错了人”。向一个不具有相应职权职责的单位提出维权诉求,自然是强人所难,也不符合依法行政的精神。在全面依法治国、依法行政的时代,必须运用法治思维与相关机构沟通协调。要根据纠纷的法律属性,找到相应职能部门来开展维权工作。

《关于新时代维护国防利益和军人军属合法权益的意见》(以下简称《维权意见》)已经明确规定了相关部门的职责。据此规定,各级党委政法委负有工作统筹、支持和督导政法单位依法办案、推动完善政策法规等职责;各级人民法院负有依法优先高效审理执行涉军案件、调处涉军纠纷的职责;各级人民检察院的职责是对危害涉军权益的犯罪行为提起公诉、对涉军案件办理实施法律监督、协作办理有关领域涉军公益诉讼案件;各级公安机关负有依法查处侵犯国防利益和军人军属合法权益的刑事案件和治安案件;各级司法行政部门负有为军人军属提供法律援助、开展法律宣传咨询等职责;各级财政部门负有安排涉军维权专项经费预算及使用监管等职责;各级人力资源和社会保障部门应当搞好劳动保障监察,及时发现和查处侵犯军属劳动保障权益的违法行为;各级自然资源部门负有依法及时调查调解涉及军用土地及军人军属土地权益争议;各级退役军人事务部门落实军人军属抚恤优待和退役军人安置政策、推动健全优抚优待政策法规、协调力量开展军人军属服务工作;双拥工作领导小组办公室负有协调处理涉及军政军民关系方面的矛盾纠纷;军委政法委、战区党委政法委、省军区系统党委政法委、军兵种和武警部队各级党委政法委、各级军事法院等单位也有相应的维权职责。

(三) 排除维权障碍

总体而言,绝大多数职能部门和义务主体都能依法有力维护军人军属合法权益,但在实践中也确实存在地方保护主义等现象,有少数单位不作为、滥作为,增加了涉军维权难度。对此,作为处置部队涉法问题的工作人员，首先应采取一切办法尽量获取地方职能部门的支持，团结一切可以团结的力量；同时，对于拒不依法履行维护军人军属合法权益的行为，要摸清底数、固定证据，灵活运用各种监督力量予以纠正。

四、跟踪问效勤沟通

做好维权工作不是一蹴而就的事情，切忌流于形式、走走过场，而要紧盯效果狠抓落实。正是如此，《维权意见》明确，“要坚持把检查考评作为推动涉军维权工作落实的重要手段，注重体现维权诉求反馈率、案件纠纷化解率、部队和军人军属满意度等可量化指标权重，不断提高考评工作规范化科学化水平”。《维权意见》要求各级军事法院加强协调督办和情况反馈；要求各级涉军维权工作领导小组建立登记反馈制度，做好来信来函、来电来访、案件纠纷登记、办理情况反馈和资料归档工作。

领导或牵头部门应加强督促、检查和指导，随时了解变化的情况，及时纠正存在的问题，用“咬定青山不放松”的韧劲抓好督导，让维权工作一抓到底，落地落实。从部队维权业务部门来看，主要做好以下几点工作：一是加强与职能部门的沟通，了解涉军涉法问题的处理进度。按照依法优先的原则，督促地方职能部门优先受理、优先处置涉军维权事项。二是及时向维权对象反馈情况，缓解军人军属的急躁情绪。告知事情进展程度和可能出现的情况，让其感受到组织的关心，理解涉法问题处理的时限和权限，不急于求成。三是辩证对待处理结果，注重疏导安抚。涉法问题的处置结果，与当事人的心理预期难免有误差，对此要引导官兵辩证看待，做好说理和疏通工作，说透事理，阐明因果关系，说清法理和情理，切实以理服人，让当事人客观理性地对待结果。

涉军涉法问题政治性、法律性和敏感性都很强，在开展工作时既要有很强的政治意识和法治观念，又要有娴熟的政治智慧和法律技能，力求让涉法问题处置工作兼顾政治效果、法律效果和社会效果。

主要参考文献

［1］法律出版社法规中心：《军人权益保障法规汇编》，法律出版社 2021 年版。

［2］郝万禄：《军人地位和权益保障法解读——依法拥军尊崇最可爱的人》，《中国青年报》2021 年 7 月 29 日。

［3］郝万禄：《解析〈退役军人保障法〉看点》，《中国退役军人》2020 年第 12 期。

［4］田友方：《外国军事法评介》，海潮出版社 2007 年版。

［5］田胜利、丁汝坚：《军人权益论》，陕西科学技术出版社 2006 年版。

［6］李冬、高民政：《保障军人地位和权益具有政治意义》，《社会科学报》2021 年 10 月 28 日。

［7］最高人民法院民法典贯彻实施工作领导小组：《中华人民共和国民法典婚姻家庭编继承编理解与适用》，人民法院出版社 2020 年版。

［8］荀恒栋：《军婚法律问题》，解放军出版社 2008 年版。

［9］杨临宏：《特别权力关系理论研究》，《法学论坛》2001 年第 4 期。

［10］杨韧：《军事法的政治哲学论析与反思：基于政治自由主义的考量》，《南京政治学院学报》2007 年第 3 期。

［11］赵会平：《军事法学价值取向引论》，《西安政治学院学报》2001 年第 2 期。

［12］王硕：《俄罗斯军人权益保障法律制度述评》，《军事经济研究》2012 年第 3 期。

［13］续润华、宁贵星：《美国“退伍军人权利法案”的颁布及其历史意义》，《河南师范大学学报（哲学社会科学版）》2001 年第 1 期。

［14］刘涛、黎雨昕:《生命历程视角下的德国军人社会保障制度》,《治理研究》2020 年第 3 期。

［15］胡玉鸿:《从个人应得、社会公平到复合正义——法律公正观的历史流变》,《求索》2021 年第 5 期。

［16］许崇德:《宪法学》,中国人民大学出版社 2007 年版。

［17］李佑标、李敏:《现役军人政治权利研究》,国防大学出版社 2012 年版。

［18］蔡向东:《保障军人地位和权益:党领导人民军队建设的重要历史经验——写在军人地位和权益保障法颁布施行之际》,《解放军报》2021 年 7 月 28 日。

［19］武军垒:《"珍宝岛英雄"打赢首例荣誉权官司》,《检察风云》2015 年第 17 期。

［20］薛培龙、李忠:《岁月湮没不了的光荣珍宝岛战斗英雄于洪东诉今日中国出版社侵犯荣誉权案始末》,《中国律师》2002 年第 9 期。

［21］胥春龙、蒋春华、周钰淞:《军人优先不是特权而是一种尊重》,《战士报》2015 年 11 月 4 日。

［22］奉雷、宋海军、余俊成:《如何化解军人优待落实之忧》,《解放军报》2015 年 8 月 4 日。

［23］谢春乾:《"军人优先"应以公平为前提》,《雷锋》2016 年第 8 期。

［24］李淑贤:《"军人优先"有法可依》,《雷锋》2016 年第 8 期。

［25］盛建伟:《"军人优先"反映国防意识》,《雷锋》2016 年第 8 期。

［26］卢志坚、王震:《火车站落实军人优先不到位,检察院提起行政公益诉讼》,《检察日报》2021 年 8 月 5 日。

［27］王少亭:《徐州铁检院举行公开听证会,保障军人出行依法优先权益》,《中国国防报》2021 年 8 月 12 日。

［28］白龙飞:《用心用情用法拥军强军兴军——人民法院涉军维权工作综述》,《人民法院报》2020 年 5 月 27 日。

［29］周青莎:《涉军维权"汤阴经验"创立二十年,擦亮司法拥军的河南品牌》,《河南日报》2017 年 7 月 24 日。

［30］徐占峰:《军事行政诉讼试点工作启动》,《人民法院报》2017 年 7 月 2 日。

［31］刘勇:《当好军事行政诉讼的探路先锋》,《人民法院报》2017 年 8 月

4 日。

[32] 刘勇:《界定军事行政诉讼受案范围的方法探究》,《东南法学》2018 年秋季卷。

[33] 刘勇:《用好军事检察公益诉讼开辟涉军维权新天地》,《西安通信学院学报》2020 年第 5 期。

[34] 蔡元培:《刑事诉讼如何对待辩护意见》,《法学》2021 年第 8 期。

[35] 冯涛:《论荣誉权被侵害的样态与救济》,《洛阳大学学报》2006 年第 3 期。

后　记

本书是国防大学军事法学双重建设项目“中国特色军事法治理论工程”子项目的组成部分之一，先后通过专家的匿名评审和集中评议，已结项验收，获资助出版。国防大学政治学院西安校区胡卫平主任、军队司法工作系傅达林主任、国防大学科研部刘先松处长、西安校区教学科研处肖建湘处长、项目组负责人熊梅教授、军队司法工作系郑琦副教授和蒲涛教员等，为项目研究和著作出版提供了大量的指导帮助，对此表示衷心的感谢。

感谢国防大学政治学院高民政教授为本书作序，高教授不仅自身孜孜不倦地研究治学，而且对于指导提携青年后学也尽心尽力。感谢国防大学政治学院刘保国教授为著作撰写所提供的全面指导，刘教授通读全稿、字斟句酌，从结构到观点、从表述到引用，提出了若干宝贵的修改意见，为提升著作质量贡献了大量智慧。感谢国防大学政治学院首长机关和政治机关工作系室领导为本书出版审批提供的支持。感谢军队法治建设教研室的郭旭、詹翔宇等同事的真诚交流和启悟，时常会碰撞出思想火花和学术灵感。

本书有机会面世，要特别感谢上海人民出版社所给予的大力支持。尤其要感谢夏红梅编辑的辛勤付出，感谢来曙骏战友为著作出版提供的指导帮助，他坚持“退役不退志、退伍不褪色”，始终心系国防和军队建设，在出版领域继续为强国兴军事业贡献力量。

图书在版编目(CIP)数据

法治视野下的军人权益保障/刘勇著.—上海：
上海人民出版社，2024
ISBN 978-7-208-18571-5

Ⅰ.①法… Ⅱ.①刘… Ⅲ.①军人-权益保护-法规
-研究-中国 Ⅳ.①E266

中国国家版本馆 CIP 数据核字(2023)第 185957 号

责任编辑 夏红梅
封面设计 一本好书

法治视野下的军人权益保障
刘 勇 著

出　　版 上海人民出版社
（201101 上海市闵行区号景路 159 弄 C 座）
发　　行 上海人民出版社发行中心
印　　刷 苏州市古得堡数码印刷有限公司
开　　本 720×1000 1/16
印　　张 13
插　　页 2
字　　数 165,000
版　　次 2024 年 1 月第 1 版
印　　次 2024 年 1 月第 1 次印刷
ISBN 978-7-208-18571-5/D·4209
定　　价 58.00 元